ポストモダンの新宗教

現代日本の精神状況の底流

島薗　進

法蔵館文庫

本書は二〇〇一年九月二五日、東京堂出版より刊行された。

目次

第二部　ナショナリズムの興隆

ポストモダンの新宗教——現代日本の精神状況の底流

序章　新新宗教とポストモダン

〔一〕「カルト」か新新宗教か？

先進諸国の宗教運動

ますます科学的知識が普及し、テクノロジーが生活をおおっていく現代世界で、宗教は過去のものになりつつあるかに思えた。ところがこれほどまでに科学に依存して生きている現代世界の、科学の枠をつくして世界をリードしているかに見える諸国で、新たに宗教集団が次々と勃興し、有能な若者をひきつけ、ときには多くの一般市民の脅威となりかねない事態を招いている。一九九五年の日本のオウム真理教事件はその代表的な例である。とくに危険なところが見当たらない宗教集団も多いのだが、過激な行動をとる集団が現れるとたいへん目立つので、危ない教団ばかりが出てきたかのような印象をもつ人が増える。

これらの新しい宗教集団をまとめて名指す用語が必要となり、日本では「新新宗教」や「カルト」といった語が用いられる。前者は日本の新宗教の歴史を踏まえた用語であり、後者は危険な集団というニュアンスを込めて用いられることが多い用語である。

まずは、「危ない宗教集団」の多発という印象を作った海外の主な事件を年譜風に記しておこう。

- 一九七八年、サンフランシスコから南米のガイアナに集団移住していた人民寺院とよばれる宗教集団の九〇〇名を超える信徒が、創始者ジム・ジョーンズの指示のもと、「集団自殺」を決行して世を驚かせた。
- 一九九三年にはデイヴィッド・コレシュをリーダーとするブランチ・デヴィディアンとよばれる宗教集団が、テキサス州のウェーコの施設に立てこもり、連邦政府の取り締まり機関と対決し、約八〇人の信徒が死亡した。
- 一九九四年、ヨーロッパでは、太陽寺院という集団に関わる五三人がスイスとカナダで集団死し、翌年、フランスで一六人、九七年にカナダでさらに五人が死亡した。
- 一九九五年、オクラホマシティの連邦政府ビルが爆破され、数百人が犠牲となったが、これはブランチ・デヴィディアンの事件への報復を意図したものと見られている。

・一九九七年には、アメリカのサンディエゴ近郊で、ヘブンズゲイトとよばれる宗教集団の三九人の自殺死体が見出された。

一九七〇年代末から九〇年代にかけては、イスラム、キリスト教、ユダヤ教信徒のいわゆるファンダメンタリスト（原理主義者）によるテロ事件も数多く起こっており、「危ない宗教集団」の多発という印象を増幅した(1)。一方、欺瞞や強制、あるいはそれと紙一重の手段を用いて、入信や献金を引き出そうとしているとして告発される宗教集団が増えたのも同じ時期である。日本やアメリカやヨーロッパでの統一教会やサイエントロジーがその例である。

日本では、統一教会の「霊感商法」や勧誘・指導プログラムの欺瞞性・暴力性（自由の剝奪）が長期にわたって争われ、九九年には法の華三法行の創始者、福永法源が詐欺容疑で逮捕されるという事態も生じた。日本ではその他にも、一般社会に強い批判の意識をもって葛藤を引き起こしたり、世俗社会の規範とはことなる規範に従おうとして非難を浴びたりする集団が、八〇年代、九〇年代に目立つようになった。山岸会（幸福会ヤマギシ会、通称ヤマギシ会）、幸福の科学、エホバの証人などがその例である。

新新宗教と「カルト」

日本の宗教史の文脈では、「危ない宗教集団」は、もっと広く、「危険な」要素などそれほどもたないものの方がずっと多い「新宗教」の諸集団の一部と見なされている。日本の新宗教の歴史を振り返ると、七〇年代から新たに急速な発展を見せる諸集団が出てきている。まずは、統一教会、阿含宗、ＧＬＡ、世界真光文明教団、崇教真光、山岸会、エホバの証人といった教団、八〇年代後半以降には、幸福の科学、オウム真理教、ワールドメイト、法の華三法行、親鸞会、顕正会といった教団の発展が目立った。これらが「新宗教」の中の新しい世代のものという意味で、「新新宗教」とよばれたものである。

この新新宗教という言葉は一九七〇年代の末頃から使われ始め、八〇年代の中頃から広く用いられるようになった。宗教社会学者の西山茂の「新宗教の現況」（一九七九年）などの諸論考や評論家の室生忠の『若者はなぜ新・新宗教に走るのか』（一九八四年）、『新人類と宗教』（一九八六年）などは、この言葉を広めるのに大きな役割を果たした[2]。宗教の世界で何か新しいことが起こっている。これまでの宗教教団とはちがうタイプの宗教運動が広がり始めているようだ。では、それはどんなものなのだろうか。多くの人がこうした疑問を持ち始めていた。新新宗教という言葉が急に広まったのは、こうした疑問に答えてくれるように思われたからだろう。

その後、一九九五年にオウム真理教事件が起こると、今度は「カルト」「カルト教団」「カルト宗教」という言葉がさかんに使われるようになり、新新宗教という言葉はそれほどとおりのよいものではなくなってきた。八〇年代から九〇年代の前半までは「新新宗教」とよばれていたような集団が、九〇年代後半以降は「カルト教団」とよばれることが多くなった。しかし、一般に通用している「カルト」の語は、非難されるべき集団に対して使われるものである。

たとえば、『「カルト」の正体』という本[3]ではルポライターの米本和広が「カルトとは、ある人物あるいは組織の教えに絶対的な価値を置き、現代社会が共有する価値観——財産・教育・結婚・知る権利などの基本的な人権や家族の信頼関係といった道徳観——を否定する集団である」という定義を示している（一四〜一五ページ）。しかし、このような定義を用いれば、同時代の多くの新宗教集団はそこから除外されてしまう。同時代の新たな宗教運動に広く分けもたれている特徴をとらえるための用語としては不適切である。このように非難の対象を特定するような用語を用いようとすると、どの範囲の集団をそこに含めるか定めるのがたいへん難しくなる。しばしば罪のない集団を「カルト」と名指すことにつながってしまう。ちなみに米本の対話の相手である浅見定雄は、「『カルト』という言葉は厳密な学術用語としては放棄されています」（一二三ページ）と述べており、この語の有

効性について懐疑的である。(4)

「新新宗教」という用語を用いる主な理由は、ある時期以降、新たに出現してきた宗教集団の中に広く見られる特徴を理解したいということである。それらの宗教集団群を指す用語が必要とされているのであれば、そのような特徴づけを基礎とした用語を用いた方がよい。今のところ、「カルト教団」以外に他の有力な用語は見えてきていない。

「旧」新宗教と新新宗教

新新宗教という言葉には、「ポストモダン」という用語と似たところがある。古く変わらないもの、伝統的なもの、すでにできあがってしまった既成のものに対して、新しいもの、変化を引き出すもの、既成のものを打破して前進していくものが「近代」(モダン)だった。近代は伝統を相対化して突き崩し、それにとって代わって新しいあり方を打ち立てようとするものだった。日本の宗教界を見渡すと、「既成宗教」に対する「新宗教」は、キリスト教と並んで、「伝統」に対する「新」を、すなわち教団宗教における近代を代表するものだったと言えるだろう。

ところが七〇年代中頃を過ぎると、世の中は今度は近代が古くなったと感じるようになってきた。今や伝統的なものではなくて、近代的なものを相対化する態度がゆきわたり、新しかったものよりもう一つ新しいものに注意が集まるようになった。「ポストモダン」すなわち近代以後とは、古くなりゆく「新」を超える「新新」という意味を含んでいる。新新宗教という用語が一時広く受け入れられた理由の一端は、この語がポストモダンの意識と一致する内容をもっていたという点に求められるだろう。

確かにある時期から、宗教界の中の「既成」に対する「新」であった新宗教が、古くなったと感じられてきた。新宗教という用語は、江戸時代の末期、一九世紀の初め頃から後に発展した宗教を指す。もっとも日本ではこの用法が有力だが、欧米では一九世紀以来に発展した宗教を指す用法と、一九六〇年代以降に発展した宗教を指す用法とが並び立っている。アメリカ合衆国では、モルモン教やキリスト教科学など一九世紀に基礎が確立した宗教を新宗教とよぶ用法が有力だが、イギリスなどヨーロッパでは、ラジニーシやサイエントロジーや統一教会など一九六〇年代以降に発展した宗教を新宗教とよんでいる。このヨーロッパ的な「新宗教」の意味するところは、日本の「新新宗教」の意味するところに近いといえるだろう。そこに西洋の伝統文化とは大いに異質な「ポストモダン」の現象の出現といったニュアンスが何ほどか含まれている。

日本に話をもどすと、戦前まで、少なくとも大正時代までは、新宗教全体の勢力は小さなものにすぎなかった。新宗教の大発展期はなんといっても昭和時代、とくに第二次世界大戦後の数十年だった。現在、新宗教の大教団として知られるもののかなりの部分が、一九二〇年から一九五〇年の間に成立し、一九七〇年頃までに急成長をとげている（表1、参照）。

急成長の代表格はいうまでもなく創価学会である。一九五一年に戸田城聖が第二代会長に就任したとき、創価学会の会員はわずかに五千人あまりだった。ところが戸田の指導による「折伏《しゃくぶく》大行進」によって、五三年末には七万世帯、五七年には七五万世帯突破、第三代池田大作会長指導下の七〇年一月には、ついに七五〇万世帯達成を宣言するに至る。これほどではないにしても、他教団の成長もめざましいものだった。六〇年代までの感覚では、創価学会や立正佼成会や世界救世教やＰＬ教団は、古いものにかわって登場してきたたいへん新しいものだったのだ。

七〇年代、八〇年代を経るうちに、これらの新宗教教団が次第に「もう新しくないもの」、その意味で「古いもの」と感じられるようになってきた。その理由の一つは教勢の停滞だ。表1には教団の公称信徒数が記されている。数え方がまちまちで、全体にだいぶ水増しされているが、おおよその傾向は見てとれる。天理教、金光教のように長い歴史をもつ教団では、明らかに信徒の漸減傾向が見える。創価学会は一九七〇年以後はほとんど横ばいと言ってよい。一九八九年に生長の家が激減しているように見えるのは、信徒数の

表1　代表的「旧」新宗教教団

教団名	創始者	創立年	信徒数（1974）	同（1989）	同（1999）
天理教	中山みき（1798-1887）	1838	2,298,420	1,807,333	1,823,456
金光教	金光大神（1814-1883）	1859	500,868	445,657	430,190
大本	出口なお（1837-1918） 出口王仁三郎（1871-1948）	1899	153,397	172,461	172,335
霊友会	久保角太郎（1892-1944） 小谷喜美（1901-1971）	1924	2,477,907	3,165,616	1,754,535
ＰＬ教団 （ひとのみち）	御木徳一（1871-1938） 御木徳近（1900-1983）	1946 （1925）	2,520,430	1,812,384	1,133,883
念法真教	小倉霊現（1886-1982）	1925	751,214	807,486	543,625
生長の家	谷口雅春（1893-1985）	1930	2,375,705	821,998	853,600
創価学会	牧口常三郎（1871-1944） 戸田城聖（1900-1956）	1930	16,111,375	17,840,700	821万世帯 （2000）
世界救世教	岡田茂吉（1882-1955）	1935	661,263	835,756	835,756
立正佼成会	長沼妙佼（1889-1957） 庭野日敬（1906-1999）	1938	4,562,304	6,336,709	5,856,939
天照皇大神宮教	北村さよ（1900-1967）	1945	386,062	454,442	460,860
善隣教	力久辰斎（1906-1977）	1947	483,239	513,935	269,854

信徒数は『宗教年鑑』昭和50年版、平成２年版、12年版（文化庁編）による。ただし、創価学会の項は、1974、89年は日蓮正宗の統計によって代用し、2000年は『SOKA GAKKAI Annual Report 2001』（創価学会広報室）を用いた。

数え方を変えたためだが、実情も他教団と大差ないだろう。立正佼成会のように八〇年代までは増大しているように見える教団でも、その頃すでに信徒の平均年齢が上昇しており、停滞が意識されていた。

主要な新宗教教団が古いものと感じられるようになったのは、発展拡大が止まったからだけではない。教祖や創始者が高齢になり、やがて世を去る。また、教祖や創始者が説いた教えや、彼らが定めた儀礼や振舞いの様式も過去のものと感じられるようになる。教団本部や聖地の華麗な建物や塔や祈念碑も見慣れたものになり、やがてくすんで見えるようになる。当然のことながら、新しさに由来する輝きが薄れていく。新しいものはいずれ古くなるという当然の理由によって、新宗教は「旧」新宗教と感じられるようになったのだ。

これは「新宗教」という語の意味が、「新たに出現、拡大しつつある宗教」という意味よりも、「比較的新しい時代の宗教」という意味に変化することでもある。「新宗教」の語が、今起こっていることを描写するものから、歴史的な時期区分に対応した「ある時代の現象」を指すものへと変わってきた。研究者たちが、『新宗教研究調査ハンドブック』（一九八一年）という本を作ったり、『新宗教事典』（一九九〇年）という事典を編纂したりしたことは、このような推移を反映し、また促進もしたのである。(5)

〔二〕　新新宗教という語の使用法

新新宗教の台頭の外観と内実

こうして人々が新宗教全体が古くなりつつあると感じ始めていた頃、新しい宗教運動が成長してくる姿が見えてきた。早くから目立ち始めたものには、統一教会（世界基督教統一神霊協会、いわゆる原理運動）がある。続いて真光《まひかり》（世界真光文明教団、後に崇教真光がそこから分かれた）やGLA（ジー・エル・エー）や阿含宗《あごんしゅう》が目立つようになってきた。また、これらのように多くの信徒を集めるには至らないものの、時代の動向を反映するように見えてたいへん目立つ小集団がいくつか登場してきた。ハレ・クリシュナ（クリシュナ意識国際協会）やラジニーシ（ラジニーシ瞑想センター）のような外来の運動もあり、イエスの方舟のような国産の運動もある。これら、見るからに新しい時代の雰囲気を漂わせ、それゆえに目立つようになった宗教運動を総称する用語として「新新宗教」という語が使われるようになった。

その後、時が経つにつれ、七〇年代以降の宗教運動の変化の状況がより客観的にとらえられるようになってきた。外見上、それほど新しさを感じさせないので、あまり目立つこ

表2　新新宗教の主なもの（1970年代半ば以降に発展した教団）

教団名	創始者	創立年	信徒数（1974）	同（1989）	同（2000）
		1945以前			
エホバの証人	C. T. ラッセル（1852-1916）	1926	33,000*（1975）	133,068	221,364
真如苑	伊藤真乗（1906-1990）	1935	296,514	672,517	786,358（1999）
顕正会	浅井甚兵衛（1904-1984）	1942	12,000世帯	200,000*	600,000*（1998）
		1946-60			
大山祇命神示教会	供丸斎（1906-1988）	1948	59,463*	804,195	811,822（1999）
霊法会	吉岡元治郎（1898-1976）	1950		200,000*	600,000
白光真宏会	五井昌久（1916-1980）	1951		500,000	
山岸会	山岸巳代蔵（1901-1961）	1953		1,800*（共同体居住数）	2,500（同左）
阿含宗	桐山靖雄（1921-2016）	1954	500	206,606	315,198（1999）
霊波之光教会	波瀬善雄（1915-1984）	1956		739,708	913,245（2001）
浄土真宗親鸞会	高森顕徹（1934-　）	1958		100,000*（1984）	
世界基督教統一神霊協会	文鮮明（1920-2012）	1959		420,000*	400,000（1999）
世界真光文明教団	岡田光玉（1901-1974）	1959		87,006	110,000（2001）
崇教真光		1978（分派独立）		448,483	800,000
自然の泉	浅尾法灯（1935-　）	1960		750,000*	

		1961–75			
ほんぶしん	大　西　王(1916–1969)	1961		900,000*	20,299
ジー・エル・エー総合本部	高橋信次(1927–1976)	1969		12,297	450,000
神慈秀明会	小山美秀子(1910–2003)	1970		440,000*(1988)	10,000 (1996)
龍泉《いじゅん》	高安六郎(1934–2018)	1972		10,000*	3,000*(1999)
ラジニーシ瞑想センター	和尚ラジニーシ(1931–1990)	不明		3,000*(1984)	103,859
日本聖道教団	岩崎照皇(1934–　)	1974		58,950	
ESP 科学研究所	石井普雄(1918–1993)	1975		16,000*	
		1976–90			
法の華三法行	福永法源(1945–　)	1980		70,000*	100,000
ス光光波世界神団	黒田みのる(1928–　)	1980		4,500	7,000
日本ラエリアン・ムーブメント	クロード・ボリロン・ラエル(1946–　)	1980		3,000*	5,500
大和之宮	安食天恵(1952–2005)	1981		5,000*	5,000
オウム真理教	麻原彰晃(1955–2018)	1984		4,000*	1,177*
ワールドメイト	深見東州(1951–　)	1986		30,000*	41,864
幸福の科学	大川隆法(1956–　)	1986		13,000* 1,527,278*(1991.7)	10,000,000以上

信徒数は『宗教年鑑』にあるもの、また直接問い合わせに応答のあったものはそれによった。＊印は、上記以外の資料による、ほぼ同じ時期の教団側の公称信徒数。なお、外来の宗教については、日本の組織の設立年をもって創立年としている。

とはなかったが、七〇年代・八〇年代に大きな教団に育っていたものがかなりある。大山《おおやま》祇命《ねずのみこと》神示教会《しんじ》のように、注目されないうちにいつのまにか大きな教団に成長しており、ジャーナリストや学者が急に注目し始めたものの、どこに新しさがあるのか分からないで、とまどうというような教団もある。(6) 新新宗教というとそれまでの新宗教とまったくちがう、新しさに満ちあふれたもののように誤解されることがある。確かにそうしたものもあるが、それほど多くはない。新宗教の歴史の中で多くの連続性があり、新新宗教といっても「新宗教」という大きなカテゴリーの中のサブカテゴリーと考えた方がよい。しかし、相当数の教団にそれなりの新しさがあるのも確かだから、新宗教の中の新しい時代のものという意味でこの語を使おうというのが、私の立場である。

一九七〇年代以降に顕著な発展をとげた新宗教教団を並べあげると表2のようになる。ある程度の割合と量で信徒数増大があったと思われるものを、創立年代順にあげてある。私の調査の範囲に限界があり、包括的なものとはいえないことをお断りしたい。法外な信徒数を公称している教団もあり、信徒数の数え方の差が著しく広がっており、残念ながら資料的価値は高いものではない。

一九九五年のオウム真理教事件（地下鉄サリン事件）以後、新新宗教にとっても厳しい時期に入った。「旧」新宗教、新新宗教の双方を見渡して、この時期に大きく発展した教団はごくわずかである。新聞で「カルト」がさかんに話題にされるようになったのはこの時期だが、実際には新新宗教も伸び悩んでいる。新宗教どころか教団宗教全体にとって「冬の時代」というのが九〇年代後半以降の特徴である。

ともあれ七〇年代以降をひとまとめとして見れば、表2に並べた諸教団が、「旧」新宗教が停滞段階に入って以降にかなりの発展をとげた教団である。このうち七〇年代以前にすでに相当の教勢を築いていて、その上に七〇年代以降も大発展をとげたのは、真如苑《しんにょえん》だけである（真如苑も一九八九年から信徒数の数え方を変えたので、さほど増えていないように見える。一九八八年末の信徒数は、二五九万六一〇二人となっている）。新宗教を全体として見たとき、一九七〇年頃を境として確かにある種の「世代交代」、あるいは「新勢力への力の移行」が生じた。しかもそれは小さくない変動だった。「新新宗教」という用語が必要と感じられるのも、このような変動を描きだす用語が求められているからである(7)。

新新宗教の範囲

では、新新宗教の語が指すものをどのように輪郭づければよいだろうか。混乱が生じないように、どのような範囲の現象を新新宗教とよぶかはっきりさせておかなくてはならない。

ひとつの考え方は、これらのうち、新しい時期に設立されたもののみを新新宗教とするという考え方である。この考え方によると、真如苑はもちろんのこと、大山祇命神示教会、そして霊法会や白光真宏会《びゃっこうしんこうかい》や霊波之光《れいはのひかり》教会も、新新宗教には含めないことになる。この場合、それでは新新宗教の始まりをどこで区切ったらよいかというむずかしい問題が生じる。また、ポストモダン的な時代相を反映して発展をとげた教団を新新宗教から除外してしまうため、新しい時代の新宗教の特徴をとらえる手がかりとしての機能が十分に果たせなくなってしまう。

第二の考え方は、これらのうち、「旧」新宗教とは顕著に異なる特徴をもったものだけを新新宗教とするという考え方である。この場合は、創立年代にあまりこだわらない。むしろ、教えや実践や組織のあり方を詳しく見ることになる。そして、「旧」新宗教と新新宗教の特徴は何かを明確に定式化して、各教団をそのどちらかに識別することになる。この場合、むずかしいのはどこに新しい時代相の反映を見るかが人によって異なり、何を新新宗教とするかについていくつも異なる考え方が出てしまうと思われることである。実際には諸教団はさまざまな特徴の複合体であり、「旧」か「新」のどちらかのカテゴリーに振り分けてしまうのはかなり無理な手続きとなる。

そこで私はこの時代に顕著な発展をとげたすべての教団を新新宗教とよぶという立場を

とる。つまり、新新宗教という語を新宗教の時期区分に関わる語として用いることにする。二〇〇一年という時点から振り返ると、新新宗教の主なものは五〇年代から八〇年代に創立されたものである。中には真如苑のように一九三〇年代に創立されたものもあり、エホバの証人のようにもっと長い歴史をもつものもある。だが、いずれも七〇年代以降、すなわちポストモダンの意識が高まるようになった時代に、顕著な発展をとげている。

新宗教の時代区分をするとき、従来は創立年代を基準として多くの教団を各時期に振り分けるやり方が多かった。しかし、宗教運動に注目するという観点からは、各時期に顕著に発展した教団をその時代を代表する宗教運動とする見方が適切であろう。たとえば、天理教は一八三八年に創始されたが、その顕著な発展期は一八六〇年代から一九五〇年代まで何波かある。たとえば一九二〇年代の日本の新宗教の発展の状況をとらえる際、天理教をはずして考えることはできない。このような考え方に基づき、時代の特徴（社会・文化・宗教の状況）をとらえる発見的な機能をもつ語として「新新宗教」を用いたい。

新宗教全体の歴史を振り返るのもいくつかのやり方があるが、私は次のような時期区分を採用したい。一九世紀初期から一八八〇年頃までを第一期、一八八〇年代から一九一〇年代までを第二期、一九二〇年代から六〇年代までを第三期とする。すると、新新宗教とは新宗教史の第四期を代表する教団群ということになる。この第四期がいつまで続くのかは今のところ判断できない。オウム真理教事件が起こった一九九五年が、新宗教史の大きな転機であることは間違いない。しかし、それをもって新宗教史の時期区分の切れ目とするのが適切かどうか、時の経過を見ないとまだわからないのである。

このような考え方について、すでに異論が唱えられており、「新新宗教」という語は適切ではないという(8)。新しく発展しつつある教団の特徴が何であるか、まだ十分に調査がなされておらず、それらが顕著に新しい特徴をもつかどうかわからない。新しい特徴をもたないものまでひっくるめて「新新宗教」とよぶというのは性急だという議論である。立ち入った調査研究がもっと進められるべきだという考えにはまったく異論がないが、すでに多くの観察や報告がなされている段階で、ある程度の見通しを立てて、概念化を進めることは必要である。それによって、新しい現象の特徴が何か、あるいは新しさと見えたものなどとるに足らないものであり、以前との連続性の方がずっと大きいのかを考察する手がかりが得られるはずである。

私自身の判断は、第三期までの新宗教のあり方と第四期の新宗教のあり方に、全体としてかなり顕著な差があるという見方である。そしてそれは、ひとまとまりの近代という時代が過去のものと感じられるようになったという事実と関わりがある。近代の宗教運動から多くのものを引き継ぎつつも、新しい時代相を反映した新宗教の動きが確かに観察できる。だが、これらの新宗教を「新新宗教」とよぶのは、それらがまったく新しい種類の宗教運動であると考えているからではない。あくまで、新宗教というカテゴリーの中のある段階を指すサブカテゴリーに過ぎないということを強調しておきたい。

〔三〕 新新宗教への問い

オウム真理教事件の影

新新宗教について考えようとするとき、一九九五年に頂点を迎えるオウム真理教事件のことを考えずにすますことはできない。オウム事件の衝撃はあまりに大きく、「無差別殺害を起こすような宗教集団がなぜ生じ育ったのか」という問いが他のすべての問いを凌駕してしまいそうである。オウム事件以後、「カルト」の語が広まり、宗教集団の犯罪や害悪、あるいは宗教集団をめぐるトラブルが話題になる傾向が飛躍的に強まった。新宗教といえば「カルト」、「カルト」といえば「洗脳」や「マインドコントロール」、すなわちどのようにして人々に害悪を及ぼしているかが問題だと考えられるようになった。

そうした問いの重要性を否定するつもりはない。一九九五年以前、そうした視点からの研究が少なかったことについて、専門研究者として不十分だったという自覚もある。しかし、新新宗教についての問いをもっぱらそこに限定してしまうのは、狭すぎる問いの立て方である。犯罪を犯したり、長期にわたり多くの人々に害悪を及ぼしていると批判される教団はいくつかあるが、主な新新宗教教団の多くがそうだというわけではない。新宗教の歴史の中で、現代になってそうした教団が増えてきたということは確かに言える。だから、「なぜそうなのか」は大事な問いであり、私自身、それなりに追究してきてもいる。(9)

しかし、この本ではその問いは正面にはすえない。もちろん「オウム事件への問い」は随所に顔を出すことだろうが、この本の中心的主題ではない。この本で焦点をあてたいのは、一九七〇年代以降に発展期をもった、新新宗教とよばれる宗教集団群がどのような特徴をもち、日本の宗教史や精神史の中でどのような位置を占めるのか、という問題である。オウム真理教は新新宗教の一つの例として扱われ、論題の中心とはしない。また、法の華三法行やライフスペースのように、犯罪の責任を問われ、マスメディアで大きく取り扱われた集団に多くの注意を向けることもない。

この本で扱われる新新宗教教団は私が資料を集めたり、他の研究者やジャーナリストによって研究・取材が行われてきたものである。そして、さまざまな新新宗教教団にできるだけ広く目を配るようにしている。逆に詳しく丁寧に調査を続けた少数の教団もない。その意味で、新新宗教とよばれてきた現象を見渡し全体として概観するというやり方をとっている。そうすることによって、この時代の宗教運動の特徴をつかまえようとしている。そのような作業を通じて、新宗教に現れたポストモダン的な時代相を読みとり、現代日本の精神状況を照らし出したいという考えである。

オウム真理教事件以降、「宗教ぎらい」の傾向が強まっている。この場合の「宗教」は教団的な宗教であり、とりわけ新宗教は「きらわれ」がちである。こうした「宗教ぎらい」の心情には、さまざまな「宗教」イメージが影響を及ぼしている。イスラムやキリスト教やユダヤ教を信奉する人たちの間の苛烈な争い、北アイルランドやインドやスリランカを含めた各地の「宗教戦争」や宗教テロの頻繁な報道など海外の宗教についての悪いイメージ、国内ではオウム真理教だけでなく、霊感商法や足裏診断の統一教会や法の華三法行、選挙の際の「お願い」にとまどう創価学会、こりない戸別訪問や輸血拒否のエホバの証人などいわゆる「カルト宗教」のイメージが強烈である。

だが、「宗教ぎらい」がどれほど宗教の実際についての知識を踏まえたものであるのか、大いに疑問である。先入観の上に安住して、すでに作られたイメージをうのみにしているきらいがないでもない。宗教研究者は正確な情報と的確な展望を提示し、判断の材料を提供すべきであろう。この本は特定の教団について詳しい情報を示していない。しかし、多くの新新宗教教団を見渡しながら、それらをどのような展望の下にとらえるのがよいか、視点の提示に力点を置いている。「ポストモダンの新宗教」という題は、そのような視点の中核となるものを暗示しようとしたものである。

本書の叙述は、大きく全体を見渡しながら、いわばズームアップして個別の事例をやや詳しく解説し、それを踏まえて、また新たな展望を試みるという循環的（螺旋的）な叙述の形をとっている。しかし、全体を展望する場合の視点が明確な一点に定まっているわけではない。ポストモダンという概念が多義的であるのと同様に、本書の展望の視点も多元的である。「反世俗主義」「ナショナリズム」「近代批判」「ポストモダンの霊性（新霊性運動）」「宗教集団の内閉化」といったいくつかの参照軸を組み合わせながら、新新宗教の位置と形を明らかにしようとしている。そのため単純明快な図式の提示にはなっていないかもしれない。しかし、新新宗教という現象の複雑さを踏まえ、その実像に立体的に迫ろうとする意図は大事にしているつもりである。

注

（1）オウム真理教を論じるとともに現代世界の宗教集団と暴力の関わりを論じた書物に次のようなものがある。ロバート・J・リフトン『終末と救済の幻想――オウム真理教とは何か』（岩波書店、二〇〇〇年、Robert J. Lifton, *Destroying the World to Save It : Aum*

Shinrikyo, Apocalyptic Violence, and the New Global Terrorism, Metropolitan Books, 1999)、マーク・ユルゲンスマイヤー『グローバル時代の宗教とテロリズム』（明石書店、二〇〇三年、Mark Juergensmeyer, *Terror in the Mind of God : The Global Rise of Religious Violence*, University of California Press, 2000)、Ian Reader, *Religious Violence in Contemporary Japan : The Case Aum Shinrikyo*, Curzon, 2001。

（2）西山茂「新宗教の現況――〈脱近代化〉に向けた意識変動の視座から」（『歴史公論』五巻七号、一九七九年）、室生忠『若者はなぜ新・新宗教に走るのか』（時の経済社、一九八四年）、『新人類と宗教』（三一書房、一九八六年）など。

（3）別冊宝島編集部編『「カルト」の正体』（宝島社文庫、二〇〇〇年）。なお、この本は、『別冊宝島461号「救い」の正体』（宝島社、一九九九年）を改題、改訂したものである。

（4）「カルト」の語の問題性については、次の拙稿でやや詳しく論じている。「「カルト」問題の由来」（『自由と正義』五二巻二号、二〇〇一年二月）。

（5）井上順孝・孝本貢・塩谷政憲・島薗進・対馬路人・西山茂・吉原和男・渡辺雅子『新宗教研究調査ハンドブック』（雄山閣、一九八一年）、井上順孝・孝本貢・対馬路人・中牧弘允・西山茂編『新宗教事典』（弘文堂、一九九〇年）。

（6）朝日新聞社社会部編『現代の小さな神々』（朝日新聞社、一九八四年）、神奈川新聞社編『神が降りた――奇跡の新宗教大山祇命神示教会』（神奈川新聞社、一九八六年）。

（7）オウム事件以前の段階でこれらの教団に精力的な取材・調査を行い、有益な情報を提供した研究書に、沼田健哉『宗教と科学のネオパラダイム――新新宗教を中心として』（創元社、一九九五年）があり、私もこの書物から多くを教えられた。

（8）井上順孝『新宗教の解読』（筑摩書房、一九九二年。後、ちくま学芸文庫、一九九六年）、同「〈新新宗教〉概念の学術的有効性について」（『宗教と社会』第三号、一九九七年）。

（9）島薗進編『何のための〈宗教〉か？――現代宗教の抑圧と自由』（青弓社、一九九四年）、同『オウム真理教の軌跡』（岩波ブックレット、一九九五年）、同「聖の商業化――宗教的奉仕と贈与の変容」（島薗進・石井研士編『消費される〈宗教〉』春秋社、一九九六年）、同『現代宗教の可能性――オウム真理教と暴力』（岩波書店、一九九七年）。

第一部　宗教運動の変容

第一章　「旧」新宗教と新新宗教

［一］　「旧」新宗教と現世救済思想

新宗教の小集団活動

東京都杉並区に本部がある立正佼成会は、庭野日敬（一九〇六～九九）開祖と長沼妙佼（一八八九～一九五七）脇祖《わきそ》によって、一九三八年に創始された新宗教教団である。立正佼成会は法華経を根本聖典として、釈尊（釈迦）の仏教を広めることを目標としている。その意味では仏教の団体といってよいのだが、空海が始めた真言宗や親鸞が始めた浄土真宗のような伝統的な仏教教団とは種類が異なるものと見られている。法華経を根本聖典とするという点では日蓮宗に近く、確かにその伝統の影響を受けて始められた宗教団体だが、現存する日蓮宗諸派とはまったく別の教団となっている。

長い伝統をもつ仏教の中の一派と見なすこともできるが、近代に始められた新しい宗教の一つと見なされているのは、その教えや活動のあり方が伝統的な仏教教団のそれとはかなり異なっているからである。立正佼成会のそうした「新しさ」を代表するのが、「法座」とよばれる小集団活動である。

法座では一般人一人一人の悩みや問題が取り上げられ、話し合われる。話し合いを進行させ、最後に結論を出す(「結ぶ」という)のは法座主というリーダーだが、車座になっている多くの人が話し合いに参加する。法座主となるグループ・リーダーもふつうの主婦や会社員や学生である。つまり、法座では一般人それぞれが教理を学び、生活経験に即して日常生活の問題に適用し、他者と教え合い、学び合うという活動に積極的に加わっているのである。

立正佼成会の教会では、こうした法座がしょっちゅう開かれている。深刻な悩みを抱えた人がその悩みを打ち明け、心のもっとも柔らかい部分がさらけ出されるような場合、当事者だけでなく法座に加わっている人皆が、涙ぐむようなこともある。法座では人間の真実に直接触れるようなドラマが展開するわけであり、であるからこそ立正佼成会発展のエネルギーの主要な源泉の一つとなったのだと考えられる。法座は「旧」新宗教の信仰生活の特徴を典型的な形で示す活動のあり方である。

体験談の語り

では、そこではどのようなことが語られるのだろうか。立正佼成会と同じく霊友会から分かれた妙智會教団の例を見てみよう。妙智會教団の体験談活動は立正佼成会のそれとはいくらか異なる点があるが、おおよそ同じような形をとっている。小さな人の輪で語られたことは、さらに少し大きな集会でまとまったひとつの物語として語られる。また、教団機関紙に掲載される。そのようにして、苦難と救いの物語（体験談）が、皆がわかちあう悲しみと喜びの時空を開いていく。次の体験談は一九六一年の妙智會教団の機関紙（『妙智』）に載せられたものをもとに、私がまとめ直したものである。

Y・Kさんは夫婦と息子の三人ぐらし。夫は中風で体が不自由だったが、下駄の鼻緒を売る行商をしていた。夫の弟のSさんに導かれて一九五三年に入会したが、夫には反対され、息子にはののしられ、さんざんの生活だった。Y・Kさんは S さんや支部長さんの指導が理解できず、支部では不平不満ばかり話していた。息子は S さんに暴言を吐き、とうとう御本尊をズタズタに引き裂いてしまうに至った。その報いによるのか、火災で焼け出されるは、神経痛や痔疾に苦しむは、夫や息子もぜんそくに苦しむはで、地獄のような家庭だった。

「会長先生のご説法を伺い、その当時子供に親不孝されるのは自分が不孝をしたからで、心から懺悔するように教えて頂き、我儘で親を泣かせどれ程心配をかけたか判らない私は、親戚からも相手にされない状態でしたので、心から懺悔をさせて頂きました。それから御慈悲を頂く度に少しずつ懺悔を判らせて頂き、色々なことで一生懸命面倒を見て下さるSさんをうらんでいたことを、真心から懺悔と感謝の心に変えさせて頂けるようになり、一人、二人とお導きさせて頂き、御法座（祭壇）を頂く頃は、何時の間にか、病気も忘れたように直り、現在は病気一つせず、小さいながらも一軒借りられるようになり、そうなってから主人が霊界に戻りました。息子もあれ程憎んでいたSさんに行き、何時間でも喜んで御法の話をききに行くようになりました。今考えますと何事も自分の根性を改めればよいのだとしみじみ思います。その日暮しの行商で貧乏はしておりますが、毎日がたのしくなりました。（中略）現在は親子二人きりですが、御先祖様がついていて下さるのと、心から信じ助け合ってゆくことのできる会員の方のお蔭で少しもさびしいと思ったことはありません。一日として寝ることなく元気で働かせて頂き、息子も別人のようになり、さからうことなく協力してくれて、私の着物まで買ってくれるようになりました。ほんとうに私は幸せだと思っております。御教えについていてなければ今でも人を恨み根性も改めないで苦しみのどん底に、あえいでいたことでしょう。」

心から感謝させて頂き、今年は去年達成できなかった「御使命」を達成し、御恩に報いる覚悟である、とY・Kさんはしめくくっている。

ここでは、苦難の生活から幸福な生活への転換が語られている。それこそがY・Kさんにとっての救いの体験である。Y・Kさんの生活の苦難はそれほど重いものだったと想像できる。新宗教はこうした生々しい生活の苦難に関わり、そこからの救いを指し示す救済宗教である。苦難とは貧乏であり、病気であり、家庭や職場での争いである。それらが重くのしかかる生活こそ「地獄」である。それに対して、救いとは「貧病争（病貧争）」が解決された平穏な生活であり、家族や仲間の和気あいあいとした日常である。貧乏や病気が解決されるというような現世利益が、そのまま理想の人生、最高の幸福につながるものと感じられている。「健富和」が救いの具現形態である。

このような救済観は現世志向的、現世重視的な救済観と言えるだろう。「旧」新宗教では死後の世界について教義が述べられる場合でも、救いは別世界や異次元で達成されるのではなく、この世の幸福な生活という形で実現されるものと考えられている。このように「旧」新宗教は何よりも現世救済の宗教である。(1)

助け合いの共同体と心なおし

救いを実現するには、さまざまな行為が必要である。神仏に祈る（「おつとめ」をする）、先祖やその他の霊を供養する、手かざしなどの特別の所作で神秘的な力を発動させる、などの儀礼や呪術が要求される。また、布施や献金や行事参加も求められるだろう。しかし、多くの場合、もっとも重要なのは「心なおし」（「根性なおし」）である。つまり、過去の心のあり方を反省し（「懺悔《さんげ》」）、心の持ち方を改め、他者につねに善意と感謝の念をもって対するようにすることである。とくに家庭内の争いを克服するために、夫婦が相手を立て合い（実際はより熱心な参加者が多い主婦に「下がる心」が要求されることが多くなる）、愛情を通わせるように指導される。先に亡くなった親や先祖への感謝の念が、家庭和合の鍵とされることが少なくない。誇張していえば、新宗教は心なおしの宗教であり、とくに家庭の和合を重要な目標の一つとする宗教である。多くの教団において教えとはすなわち心なおしの教えだといってよいほど、教えの核心部分がこの心なおしに関わっている。

救いは家庭の再建や繁栄として実感されるとともに、助け合い、支え合う信仰共同体の力によってもたらされる。また、救われた個々人は、信仰共同体の充実発展に貢献することを義務と考えるようになる。とくにリーダー（教祖、教会長、支部長、法座主、班長など）への感謝と協力は、教えの重要なポイントの一つとなる。Y・Kさんにとっては、Sさんや支部長や会長（妙智會の創始者、宮本みつ）を導き手として仰ぎ、そのモデルに従って共同生活に加わることが救いの一部だった。新宗教を信仰することは、指導者のヒエラルヒーのもとで、一つのモラリティーを共有する信仰共同体に組み込まれていくことを意味する。

この信仰共同体への参加は、多くの場合、受動的なものではない。自らの体験を積極的に他者に語ることが求められる。「お導き」のように他者に手を差しのべ、可能ならば自らも小集団のリーダーとして活躍することが理想である。世の中には多くの人が苦しみを抱えており、教えにより救いの道を示されるのを待っていると考えられている。そうして苦しむ人に積極的に接していき、彼らを救いに導けるだけのものを身につけることが、人間的な成長であり、信仰生活の目標とされる。Y・Kさんの信仰の成長は、直ちにお導きや教団への奉仕活動に現れるものと考えられている。ともすれば教団のエゴの現れと見られがちな布教や献金は、このような救いと人格的成長のための集団活動への貢献と信じられている。

人々は自らの決断によって、それぞれにある宗教の信仰共同体を選び取る――この点では、新宗教の信仰には個人主義的な面がある。しかし、信仰はつねに教祖や各段階のリーダーを導き手とする共同体のなかで、一定のモデルや規範に従って育てられていくもの、また他者に奉仕しつつ仲間の輪を広げるという形で具体化されるべきものと考えられている。この意味で、新宗教は助け合いの共同体の建設拡大運動という性格をもっている。

このような信仰とモラルが、都市の中下層民衆に魅力をもっていたことは、容易に想像できる。Y・Kさんは新宗教の信徒としては、やや貧しい部類に属するのだろうが、中年の家庭の主婦という点では、典型的な新宗教の信徒である。さまざまな困難が押し寄せて、平穏な暖かい家庭という目標が脅かされる存在、その一方で、親戚縁者、隣近所、さまざまな仲間の輪の拡大によって家族から大きな社会へと通路を見出そうとしている存在、それが中下層の家庭の主婦たちである。こうした主婦を中心とする庶民の相互扶助組織としての性格を、新宗教はもっていた。

〔二〕 新新宗教と共同体

新新宗教の共同性の様態

前節では、「旧」新宗教の特徴について、とくにそのモラルや信仰共同体の性格に力点をおいて説明した。新宗教はなぜ教団組織をもち、指導者に服従し、信仰仲間で集まったり話し合ったりすることを好み、布教に熱心なのかを理解していただくことに意を注いだつもりである。

新宗教全体は伝統的な救済宗教（「歴史宗教」ともよばれる）と対比したとき、信徒参加的という特徴で際だっている。伝統的な仏教教団やキリスト教会では、聖職者と一般人との間の役割の区別がはっきりしている。もっとも大事な儀式は僧侶によって執行され、一般人はおおかたじっと黙って見たり聞いたりしているだけであり、体や口を動かすのはわずかな時間で、簡単なものに限られている。教義を深く学び修め、修行によって高い境地に進んでいくことも聖職者の役割とされている。そのために僧侶は、厳しい禁欲や規律の遵守を求められている。一方、一般信徒には教義の学習や修行の機会はあまり与えられてはいない。聖職者による教えを静かに聞いて、従順にそれに従うのが良いことだとされている。

このように歴史宗教（伝統宗教）では、一般人の関与は消極的であるのに対して、新宗教では一般人が積極的に参加できる信仰活動の場が用意されている。「旧」新宗教ではそのような信徒参加のあり方が典型的に具現されている場合が多い。この章の初めに取り上げた立正佼成会の法座はそうした信徒参加の仲間の共同体のよい例である。では、新新宗教では「参加」のあり方はどのようなものになっているのだろうか。信徒仲間の共同性のあり方は「旧」新宗教のそれとどのように異なるのだろうか。この問題を考える手がかりとして、この節では新新宗教の類型分けを試みたい。新新宗教の中でも「旧」新宗教とよく似たものと、相当にちがうものがある。そうした新新宗教の中のバラエティを、まずは信仰共同体の緊密さの度合いを基準としてとらえてみよう(2)。

新新宗教の一方の極には、たいへん緊密な信仰共同体を形づくろうとする教団がある。この場合、信仰共同体は一般社会の人間関係とはきわめて異質な関係を形づくり、信仰共同体の内部で閉じられたものとなる。これを「隔離型」とよぶことにしよう。反対の極には、信仰共同体の形成にあまり熱心でない教団がある。信仰共同体によって信仰者を束縛するよりは、個々人が好む範囲でかかわってくればよい、とするタイプの教団である。これを「個人参加型」とよぶことにしよう。第三のタイプはこの二つの極の中間にあるものである。このタイプは信仰共同体を作ろうとするが、その共同体は「隔離型」ほどには緊密一体ではない。これを「中間型」とよぼう。中間型の信仰共同体は、「旧」新宗教のそれにもっとも近いものといえる。

「旧」新宗教に近い「中間型」

中間型の代表的な教団は、真如苑と崇教真光である。真如苑では「経親《すじおや》」とよばれる制度が重要な役割を果たしている。入信した人は、すべて導きの親である経親の指導を受け続ける。また、入信した人は他の人を信仰に導いて（「お救け」とよばれる）、自分のまわりに信仰の輪を作っていくことが求められる。生活の全面にわたる信仰指導は、経親だけではなく、霊能者による指導の場である「接心」においても行われる。信仰活動の場では、しばしば故伊藤真乗教主や現在の最高指導者である「両常慧様《りょうじょうえ》」への帰依や感謝の言葉が語られる。教団内の権威の体系はがっちりと存在しており、その下で、生活の隅々にまで及ぶモラルや象徴体系を共有した信仰共同体が形成されている。

しかし、一方、信徒各自はふつうの社会人として生活しており、信仰指導の道徳的側面は一般社会での共同生活を円滑良好にしていくためのものと考えられている。心なおしにより、世俗社会そのものの、また世俗社会のなかでの向上を志す人々の共同体が教団である。

崇教真光でもがっちりとした権威の体系があり、末端の信徒はまず班長との日常的接触によって、またそれ以上の役職（道場長など）の人々の指導に従うことによって、さらに権威の源泉である「救い主」（教祖）や「教え主」（現教主）に帰依することによって、ひとつの道徳的象徴的共同体に組み込まれている。しかし、この共同体もまた世俗共同体と断絶した別世界を構成するわけではなく、世俗の秩序と同じレベルのモラルを説き、世俗秩序の改善に自然に寄与するものと見なされている。このように中間型の教団では、信徒による信仰共同体が確固として存在しながらも、その共同体は世俗社会と連続的なもの、世俗社会とほぼ同じ平面に属するものと理解されている。信仰共同体への参入を通して世俗生活を改善するところに救いが実感され、そうした個々の救いの延長線上に理想社会（地上天国）が夢見られるのである。

「偉大なる常識人」の育成をうたう幸福の科学も、初めは個人参加型の性格が色濃かったが、学習と試験による昇進システム、教祖への個人崇拝、破局意識、ナショナリズム、布教競争、外部との葛藤などを通して八〇年代末にはすでに集団凝集力を強め、中間型の特徴を強める方向をとっていた。

サークル感覚の「個人参加型」

一方、個人参加型の教団では、信仰共同体の人間的結合が散漫なものになり、また、道徳や信仰の論理によって日常生活を律していこうとする傾向が弱くなる。たとえば一九九〇年当時のESP研究所では、主宰者である石井普雄《かたお》（一九一八～九三。「先生」とよばれ、教祖、教主などの呼称はない）から放射される超念力を受け入れる手順が整えばよいので、それ以上の共同生活の場は必要と考えられていない。(3) 超念力に接するには、石井の講演会に出席し、超念力グッズ（「ESPシール」「エスパー・テープ」など）を購入して身のまわりに働かせればよい。それでも間に合わないときは、会費を払って「友の会」の会員となり、最高指導者（石井普雄）に直接電話をかけて超念力を送ってもらうこともできる。超念力とは何かについてそれほど複雑な観念体系があるわけではなく、少しくわしく知りたいときには、石井の著作『最後の超念力』（徳間書店、一九八四年）を書店で購入して、一読すれば足りる。だいたいは、一対一の遠隔コミュニケーション（マス・メディア的コミュニケーション）ですますことができた。

その上に、石井によって超念力の放射能力を授けられた地域の超念力指導員がいるので、長期的に超念力を受け続けねばならないときなどは、彼らに超念力を媒介してもらうこともできる。ときには彼らが、生活指導にまで及ぶこともあるようだ。しかし、地域の指導員の主たる任務は、超念力によって病を癒し、事業を繁栄させることであって、それ以上のモラルなどはあまり問題にされない。指導所を中心として地域の信仰共同体がいちおうは存在しているが、それは場合によってはなくてもいいものであって、そこでの人間関係はきわめてアド・ホックな軽いものになる。

大山祇命《ねずのみこと》神示教会の場合、一九七五年頃、地域ごとの指導者に親密な信仰指導を委ねる体制を改め、教団中央と個々の信者の直接的コミュニケーションに集約するようになってから、それまで以上の大発展をとげたという(4)。信徒は全国各地から横浜の本部に参拝して、本部や周辺のビルにあるいくつかの会場で映し出されているビデオ映像により、最高指導者、供丸姫《ともまるひめ》の教話を聞き、感動の涙を流して再び自宅に帰っていく。信徒同士のヨコのつながりはきわめて希薄である。分派をおそれるところから、中間指導者を排除した組織体制だが、その個人参加的な形態が信徒のニーズにも合ったようである。

ワールドメイト（以前は、「コスモメイト」の教団名）の入会パンフレット『「幸せ」同志、大集合!!』（一九九一年）には、次のように書いてある

コスモメイトは、一般の宗教団体のように手とり足とり面倒を見ません。自主性を尊重しますから、あなたが今、ほんとうにやりたいことがコスモメイトの活動ならば、少しも束縛を感じないはずです。／セミナー等の催しの案内は、会員の所へ、きちんと届けられます。参加する、しないは、自分で決めればよいのです。

ワールドメイトを取材した磯崎史郎は、既成教団を大学の運動部にたとえるとすると、ワールドメイトはスポーツクラブ的な任意サークルだと述べている(5)。阿含宗などにもこれと近い雰囲気があるようだ。これは個人参加型の教団の、信仰共同体としての結合の散漫さをよくとらえている表現といえるだろう。

トラブルを起こしがちな「隔離型」

これに対して、隔離型の教団はきわめて強固な信仰共同体を作ろうとする。代表的な例として統一教会、エホバの証人、オウム真理教をあげることができる。[6] これらの教団では、多くの信徒が世俗の職業生活や家族生活を放棄したり、信徒以外の人たちとの関係を最小限に切りつめるなどして、世俗社会から隔離された信徒だけの共同生活を送ることを好んだ。統一教会ではホームとよばれる宿舎、オウム真理教では道場に住み込んだ信徒らは、かなり徹底した禁欲生活を送る。きわめて厳格な道徳規範が設定され、私有財産、家庭生活（あるいは男女の性愛的結合）、ときには特定の食べ物飲み物が制限される。多くの時間が行や奉仕作業や苛酷な布教活動に捧げられ、自由時間は限定されている。全生活が信仰体系によって統制されており、特定の聖典や教祖（指導者）の人格や教義用語が日常のあらゆる場面で想起される。一般社会の秩序は厳しく否定されており、そのなかで精神的に向上することは困難であり、可能だとしても重大な限界があると考えられている。

この中核的信徒の共同体と一般社会との間には、かなり厚い壁がある。共同生活体の成員は、家族（親や兄弟、ときには配偶者）・親族との絆を断ち切って共同体に参入する。かつて僧院や修道院に入った人々と似ているが、ここでは親の意志に反してそうする場合が圧倒的に多く、親は子供を奪われたという印象をもつことになる。加入のプロセスが、短期間の合宿生活を経るなどして急速に進められることが多く、親や家族はこれを「洗脳」「マインドコントロール」などとして非難することになる。また、この共同生活体は世俗社会の勤労とは異なる、強引とも思える布教活動や苛酷な労働を行うことが多く、この点でも一般社会から非難されがちだ。

もっとも、これらの教団は隔離された共同生活体だけで構成されているわけではなく、その周囲に世俗生活になじんだ生活をしている人々をも抱え込んでいる。そういう人たちの生活は、中間型、あるいは個人参加型の信徒のそれに似ている。しかし、教団の中核をなす多数の人たちが隔離された共同体を作っており、それがこのタイプの教団の性格を定めている。なお、エホバの証人は隔離された共同生活の場を設けているわけではないが、頻繁な集会や厳しい生活規範や伝道活動の義務のために、世俗社会との間にかなり厚い壁が築かれている。

「カルト教団」として批判されるものの多くは、この「隔離型」の教団である。このタイプの教団は部外者を敵として、あるいは良き配慮に値しない存在と見る傾向がないとはいえず、それが犯罪にまで及ぶことが少なくない理由の主要なものの一つであることは確かだろう。

個人化の流れの中で

この節の初めにも述べたように、「旧」新宗教のほとんどの教団は、以上の三類型のうちでは中間型に入る。とすれば、隔離型と個人参加型が分岐してきたところに新新宗教のひとつの特徴があることになる。もっとも「旧」新宗教のなかでもほんみちや創価学会などには隔離型に近い特徴があり、PL教団（その前身のひとのみち教団以来）や生長の家などには個人参加型に近い面も見られる。しかし、それらは新新宗教の隔離型や個人参加型ほどに際だってはいない。三類型を「旧」新宗教にまで及ぼすとして、右にあげた教団のうちではほんみち以外は中間型の中に含めて差し支えないだろう。

では、このように隔離型や個人参加型という両極端のタイプの教団がいくつも登場するようになったのはなぜだろうか。隔離型と個人参加型がふえてきたということは、中間型の教団の占める割合がかつては圧倒的多数だったのに、今ではかなり低くなってきたということでもある。いいかえると世俗生活と連続的な生活規範（「心なおし」の体系）の習得深化を目標とし、教祖や最高指導者から地域熱心家に至るヒエラルヒー的な指導者系列をもつ信仰共同体を形成することが困難になってきたということである。さらに、なぜそれが困難になってきたかといえば、世俗生活（一般社会）の道徳的秩序やそれを土台とする親密な人間関係が築く（守る）に足りるもの、守りうる（築きうる）ものと感じられなくなってきたからだろう。いいかえれば、情報化が進み、社会構造がますます複雑化・多様化し、人間関係の機能化が進んだために、人と人との絆が弱まり、それを反映して個人主義的な考え方が広まってきたということである。

そうした状況で、一般社会に適合する方向でなお教団が形成されるとき、個人参加型の特徴を帯びるようになる。すなわち心なおしの教えが薄められ、信仰共同体も散漫なものになるという形である。こうした教団は時に、宗教書や救いの処方箋や瞑想法などの宗教商品を販売する会社のように見えることがある。一方、一般社会の趨勢に対抗し、道徳的一致や緊密な共同体の形成を目指すとき、隔離型の教団が形成される。つまり、一般社会とは断絶した強固な道徳規範と共同体を作ろうとするわけである。こうした教団は一般社会との厳しい緊張関係に立ち、社会問題を引き起こす可能性が少なくない。統一教会の霊感商法のように、他方で方便として宗教商品の販売会社的な活動を営むような場合にはなおさらのことである。

注

（1）現世救済を目指す救済宗教としての新宗教の特徴づけは、対馬路人・西山茂・島薗進・白水寛子「新宗教における生命主義的救済観」（『思想』六六五号、一九七九年）や、島薗進

『現代救済宗教論』(青弓社、一九九二年)でなされている。特定教団を事例として詳細にその実体をとらえようとしたものとして、島薗進『時代のなかの新宗教――出居清太郎の世界1899-1945』(弘文堂、一九九九年)、同編『救いと徳――新宗教信仰者の生活と思想』(弘文堂、一九九二年)も見ていただけると幸いである。

(2) 新新宗教の実態については、さまざまな論文やルポで明らかにされているが、ここではいくつか密度の濃い報告がなされているものをあげておこう。沼田健哉『現代日本の新宗教――情報化時代における神々の再生』(創元社、一九八八年)、同『宗教と科学のネオパラダイム――新新宗教を中心として』(創元社、一九九五年)、清水雅人編『新宗教時代』1巻~5巻(大蔵出版社、一九九四~九六年)、小澤浩『新宗教の風土』(岩波新書、一九九七年)、別冊宝島編集部編『「カルト」の正体』(宝島社文庫、二〇〇〇年)。

(3) 本田真知雄『石井普雄の「超念力」がゆく』(中央文化出版、一九八七年)、内藤国夫『最後の超念力を見た!!』(KKダイナミックセラーズ、一九九〇年)、沼田、前掲注(2)、一九九五年。

(4) 神奈川新聞社社会部編『神は降りた――奇跡の新宗教大山祇命神示教会』(神奈川新聞社、一九八六年)、沼田、前掲注(2)、一九九五年。

(5) 磯崎史郎『深見青山――その天才の秘密をさぐる』(勁文社、一九九一年)。

(6) オウム真理教については、島薗進『オウム真理教の軌跡』(岩波ブックレット、一九九五年)、同『現代宗教の可能性――オウム真理教と暴力』(岩波書店、一九九七年)、ロバート・J・リフトン『終末と救済の幻想――オウム真理教とは何か』（岩波書店、二〇〇〇年）、島田裕巳『オウム――なぜ宗教はテロリズムを生んだのか』（トランスビュー、二〇〇一年）参照。

第二章　新新宗教の信仰世界

多様性の中の目立つ傾向

新新宗教の教団といっても、まことにさまざまである。信仰共同体の作られ方についてはだいたいの傾向をとらえることができ、前章でまとめたが、信仰世界のあり方となると多様性はさらにははなはだしい。同時代に顕著に発展した新宗教というのが共通項なのだから、それは当然かもしれない。

しかし、そもそも多様である新宗教について、歴史宗教（伝統宗教、既成宗教）とは異なる特徴を示すことはできる。また、新宗教が時代の変化の中で、どのように共同体のあり方や信仰世界のあり方を変えてきたかについて述べることもできる。それらは個別研究を土台とした大まかな一般化ではあるが、一定の妥当性はもち、新宗教の全体像をつかむ際、たいへん役立つ。ここでは同じような作業を新新宗教について行ってみたい。多様な新新宗教の中から、広く見られる傾向を拾い出し、新新宗教の全般的傾向を示そうというわけである。

新新宗教にＡＢＣ……ＸＹＺまでの教団があるとして、ある特徴αがＡＣＦＨＭＱＳＶＸの教団に顕著に見られたとする。それらは「旧」新宗教ではずっと目立たないものであったり、むしろ対立する考え方が顕著だったりする。とすれば、それは新新宗教全体の中に見られるある種の傾向を示すものとしてよいのではないか。それとは直接関係がないβという特徴がＢＤＧＪＬＯＰＳＴＸＺの教団に見られたとする。この特徴も「旧」新宗教に対置できるものだとすれば、それは新新宗教の別の傾向を示すものとしてよいだろう。このようにして、α、β、γ、δ……ωと特徴をあげていくと、たとえばαとδの特徴は矛盾しているというようなことが起こるかもしれない。それは十分起こりうることである。なぜなら、新新宗教とよんでいる集合はたいへん多様なものを含んでおり、ひじょうに異なるタイプの集団群が併存していても不思議なことではないからだ。

このような作業を試みることの意義は何だろうか。これは明確な輪郭をもった現象について正確な情報を集め、精緻に叙述するというのとは異なるタイプの作業である。むしろ情報も混乱していて十分でなく、輪郭も定かでない現象群について、そこに分け入ってより確かな情報を得たり、的確な輪郭づけを行っていくための作業地図のようなものを描くことである。探索や発見のための大まかな見取り図を描き、混乱に埋もれてしまわない手助けをしようというのである。調査研究が進んで、もっと的確な特徴づけができることを願っているが、ひとまずこのような意図の下に雑然たる資料の山に分け入ろう。以下の叙述は、主に一九九〇年頃の資料を用いている。オウム真理教にふれる場合も、地下鉄サリン事件へと武闘路線に傾斜していく前のオウム真理教を念頭においていただきたい。

なお、死後の生の観念については、［五］の「自己責任の強調、および自己の霊魂の永続の意識」や［六］の「聖なる宇宙の再構成」で触れているが、さらに踏み込んで輪廻転生の信仰の広がりとして取り上げ、第三章で考察することにしたい。また、破局切迫意識や終末観については、［七］の「破局切迫の意識（千年王国主義）とメシアニズムの昂揚」で論じるが、ノストラダムスの予言の影響について同じく第三章で補うこととする。

［一］　貧病争という動機から「空しさ」の動機へ

第一章で紹介したY・Kさんは、長い間、形のはっきりとした「生活苦」に悩み続け、そうした苦難の克服を願いながら入信し、信仰生活を続けた。彼女とその家族が抱えていたような生活苦は、「旧」新宗教の入信者に典型的に見られたものだ。そうした生活苦は「貧病争」（「病貧争」）という言葉で要約されてきた。そこでは平穏無事な日常生活こそ、即最高の幸せに通じるものと感じられていた。
新新宗教においても「貧病争」という信仰動機はなおかなり大きな位置を占めている、しかし、「旧」新宗教と比べてみるとそのウェイトは明らかに軽くなってきている。オウム真理教を例にとってみよう。一九八〇年代末頃のオウム真理教のパンフレットを見ると、入信者には病気の苦しみがきっかけになった人が少なくないようである。たとえば、S・Mさん（二六歳）は次のように述べている。

私は至って健康な方でしたので、病気の苦しみを知らずに育ちました。が、二年ほど前のことです。勤めておりました会社で全身硬直を起こして、救急車で運ばれたのでした。検査の結果はどこも悪くないということで、ストレスからくる自律神経失調症か、ホルモンのバランスの異常だろうと診断されたのです。その後は、漢方薬などを飲んでいたのですが、一向によくならず、神がかり的なものにまで手を出し、余計悪くなっていったのです。／こうして一年近く経った後、オウムに巡り会えたのです。ほとんど寝たきりだったので、恥ずかしいことですが、父親が入信の手続きに行ってくれました。そして、持って帰ってきてくれた〝ヒヒイロカネ〟（麻原のエネルギーをこめた霊石—島薗注）を胸に付けた途端、ポワーッとエネルギーが入ってくるように体が熱くなりました。真っ青だった顔が赤くなったと、そのときの様子を目の当たりにした家族も驚いていました。／このとき、尊師が私の邪気を吸い取ってくださったに違いありません。

（『病は癒える』No.3、一九八九年）

このような病苦解決の体験談は「旧」新宗教でごくふつうに見られるものである。ところが、次のK・Sさん（二二歳）のような入信由来は「旧」新宗教ではあまり見かけないものである。

昨年四月、私は小児科病棟の看護婦として働き始めた。そこでは上司にも恵まれ、いろいろ失敗もあったが、仕事がとにかく楽しくて仕方がなかった。でも、仕事を終えて、一人になると、ふとどうしようもない寂しさと不安が込み上げてくる。気晴らしに外出しても、友人と遊んでも、楽しいのは一瞬で、またその後の空しさが私を襲う。／どうして、他の人が楽しいと思ってやっていることが、私にとってこんなに空しいんだろう……。小さい頃から感じていたが、年齢とともにこの思いは強くなっていく。特に、Nさんという男性と付き合うようになって、〝私にはNさんしかいないけど、でもいつかNさんとは別れなくてはいけないんだ……。どうしたらいいんだろう……〟そればかり考えて、悲しくて、よく一人で布団をかぶり泣いていた。ますます私の心は不安になって追い込まれていく。／しかし、結局そのNさんの導きにより私はオウムを知り、Nさんと共にシッシャ（出家修行者―島薗注）となった。（中略）／私がいつも寂しかったのは、教えの中にある〝すべては無常である〟ということを、小さい頃から感じていたからに違いない。そう思った。この寂しい思いの行き着く先はオウムなんだと……。

（『シッシャの詩』No.1、一九八九年）

この回心譚は「空しさ」の一語に要約できる入信動機をストレートに語っている。外見的には満ち足りた「健富和」の生活と見えるものの底に、実は深い孤独感や不安や倦怠感が漂っている。新新宗教に入信した後、明確な目標に献身しつつ信仰仲間と親しく接するにつけ、そういう「空しさ」に脅かされていた過去がありありと見えてくるようだ。

このような傾向は隔離型の教団においてもっとも顕著である。しかし、中間型の教団でも個人参加型の教団でもこうした傾向は多少とも見られるようだ。また、いずれのタイプにせよ、中高年層よりも若年層の入信者にこの傾向は目立つ。新新宗教は全体として「旧」新宗教に比べ若者の入信が多い。そうした若者の多くが、ひそかに「空しさ」に苦しんでいたと考えてよいかもしれない。

〔二〕 現世志向から現世離脱へ

これも隔離型の教団に典型的に見られる特徴だが、「旧」新宗教の現世志向に対して、新新宗教では現世から離脱することや、現世外の霊的世界での生に高い価値を置こうとする傾向が見られる。どちらかというと楽天的である「旧」新宗教に対して、現世での幸福や自然的欲望の充足にマイナスの評価を与える悲観的な現状認識が見られる。統一教会では、人間の「堕落」、とくにその現れである「淫乱」を見つめることが信仰の出発点となっている。

人間は堕落することによって神の宮となることができず、サタンが住む家となり、サタンと一体化したために、神性を帯びることができず堕落性を帯びるようになった。このように、堕落性を持った人間達が悪の子女を繁殖して、悪の家庭と悪の社会、そして悪の世界を造ったのであるが、これが即ち、堕落人間達が今まで住んできた地上地獄だったのである。地獄の人間達は、神との縦的な関係が切れてしまったので、人間と人間との横的につながるものもつくることができず、従って、隣人の苦痛を自分のものとして体恤することができないために、ついには、隣人を害するような行為をほしいままに行うようになってしまったのである。人間は地上地獄に住んでいるので、肉身を脱ぎすてた後にも、そのまま天上地獄に行くようになる。このようにして、人間は地上・天上ともに神主権の世界をつくることができず、サタン主権の世界をつくるようになったのである。

（『原理講論』第六版、一九六九年、一三六〜一三七ページ）

けれども、人間の努力をもってしては、如何ともなし得ない社会悪がひとつある。それは、淫乱の弊害である。キリスト教の教理では、これはすべての罪の中でも最も大きな罪として取り扱われているのであるが、しかし、今日のキリスト教社会が、現代人が陥って行くこの淪落への道を防ぐことができずにいるということは、何よりもまた嘆かわしい実情といわなければなるまい。

（同、二七ページ）

統一教会では、このように現世の悪が強調されているが、統一教会の教えに従って清められた生活と結婚（「祝福」とよばれる合同結婚）を行うことで、また、文鮮明教祖に全世界が従うことで、現世で幸福が実現することを展望している。これに対して、初期ＧＬＡ（高橋信次が指導していた一九七〇年前後のＧＬＡ）や幸福の科学では現世の悪、人間の堕落といったことにはあまり触れられないが、現世以外の領域が重要であることが強調されている。人間の心は永遠の時間の中で、霊の世界（「実在界」とよばれる）に存在し続けており、現在の一生などはそのなかの小さな一齣にすぎないとされる。

人間の生活は一見安定しているかのようにみえるが、一寸先は闇であり、不安定そのものだ。死と隣り合わせに住んでいる。生まれた以上、死はさけられないが、それにもかかわらず、人々は目前の生活に追われ、五官中心の毎日を送っている。（中略）肉眼で見える範囲はきわめて狭く、きわめて不安定である。私たちの肉体はエネルギー粒子によって支えられているが、それを目で見ることはできない。形あるものはいつかは崩れる。形あるものは、形のない光の粒子によってつくられ、そうして絶えず新陳代謝をくり返しているのだ。

心の世界、魂の在り方もこれと同じで、私たちの生命は永遠の旅路をつづけている、調和という目標に向かって。心や魂については、普通は見ることも触れることもできないが、しかし、五体が朽ちれば、次元を異にした世界で生活するのである。こういうといかにも唐突に思われるが、事実は曲げられない。

私たちが心の世界、魂の存在を認識したとき、五官や六根にふりまわされた生活のはかなさ、哀れさをハッキリと知ることができよう。なんとなれば、この世の生活は永遠の人生行路の一齣であり、その一齣に、ほんろうされる無意味さを悟るからである。

（高橋信次『心の原点』三宝出版、一九七三年、一〜二ページ）

この世のみの損得しか考えない人は、／真の富者とはいえない。／この世のみの成功しか考えない人は、真の成功者とはいえない。

なぜなら、死後の世界は厳としてあり、／天国と地獄のどちらかを／選ばなくてはならないからだ。地獄を選んで得をしたとは言えまい。／地獄に堕ちて成功したとは言えまい。

天国に入ってこその富者であり、／天国に還ってこその成功者である。

来世に賭けるには、／反省と布施の精神が重要だ。／この二本の鍵で天国の門は開くのだ。

（大川隆法「来世に賭ける」『幸福の科学』一九九一年七月号、一ページ）

現世の悪が強調されるか、現世のはかなさが強調されるかの違いはあるが、統一教会の場合も、初期ＧＬＡや幸福の科学の場合にも、今生きているこの人生の価値がときに低く見られていることは共通している。オウム真理教はこの点でもっとも徹底していた。

今、私達は生きている。そして、この生きていることを実感しているという幻影に取り付かれている。では、その実感がなぜ幻影と言えるのだろうか。

例えば、ここにおまんじゅうが一個あると。このおまんじゅうを、十人が食べたとすると、この十人の味覚というものは、それぞれ違って感じるだろう。では、なぜそれを証明できるかといったら、それは修行により味覚が変わるからであると。あるいは妊婦の――つまり、おなかに子供がいるお母さんの味覚が変化することでもよくわかるはずである。ということは、私達がこの人生、生まれて死ぬまでを現実、真実だと考えているこの見方というものは、幻影に取り付かれた錯綜にすぎないということが言える。

(『真理の芽』No.7、一九九一年、七ページ)

(**尊師**) 要するにね。今の価値観というのは、高学歴、それから一流企業、それからスタイルのいい女性と結婚して、で、アットホームで金を持って、財テクその他をやって、豊かになって死んでいくと。これが今の価値観だと思うんだよ、ところが、私が提唱する価値観というのは、そうじゃなくて、それは内側にあるんだよ。内側にどういうものがあるかというと、すべてを知り、この世が本当は苦であって、例えば金持ちになることも、スタイルのいい女性に執着することも、美人に執着することも、すべてが苦しみであって。そうじゃないもう一つの道というのは、だれも壊すことのできない絶対的な境地であって、本当の意味での自分自身を理解できるんだということだよね。そういう価値観を提供したいと。（『マハーヤーナ』三八号、一九九一年一月）

人は死ぬ。必ず死ぬ。絶対死ぬ。死は避けられない。死を前にして、恋愛が有効だろうか。死を前にして、物質が有効であろうか。死を前にして、お金持ちになることが有効であろうか。死を前にして、権力を得ることが有効であろうか。一切無効である。死を前に、何が有効だろうかと。それは大いに徳を積み、そして戒律を守り、五感を制御し、深い意識状態に入り、死を知り、死を克服することである。

（『真理の芽』No.7、一九九一年、一二ページ）

[三]　心なおしの脱倫理化と心理統御技法の増加

前章でも述べたように、新新宗教では一般社会の日常生活の中で、他者との関係を倫理的に向上させるための「心なおし」の実践が弱まる。ただ、中間型の教団ではこれはあまり当てはまらない。たとえば、真如苑の場合、「旧」新宗教と同様に心なおしが重視されている。しかし、同じ中間型でも、幸福の科学やその先駆けとなった初期のＧＬＡ（こちらは個人参加型に近い）では、いくらか新しい傾向が見てとれる。

幸福の科学やＧＬＡでは、愛と反省が重んじられ、八正道《はっしょうどう》（正しく見、正しく語り、正しく仕事をし、正しく生活をし、正しく思い、正しく道に精進し、正しく念じ、正しく定に入ること）が勧められる。毎日、反省すべきこととして、

一、自分は、正しくものごとを見たか。正しく人を見たか。神のような心でもって、人々に接したか。

二、自分は正しく語ったか。自らの良心に恥じるようなことは語らなかったか。他人を迷わし、不安におとしいれるようなことを語らなかったか。ことばで、他人を傷つけなかったか。

（大川隆法『太陽の法』旧版、土屋書店、一九八七年、八九ページ）

など、五項目が挙げられる。ここには、一本芯の通った倫理的な心なおしの教えがある。ところが、幸福の科学や初期ＧＬＡの刊行物には心なおしの実践に関する体験談があまり見かけられない。これは心なおしの倫理が功利主義的な見返り期待と結びついていないからとも解釈できる。しかし、そのために心なおしがやや抽象的なものになっている感じも

否めない。また、幸福の科学の場合は、心なおしが具体的に語られる場合、対他倫理としてよりも「心の操縦法」として語られることの方が目立つようだ。

ですから、不幸からのテイク・オフをするためには、まず自分みずからのそうした不幸になる傾向性ということをいち早く察知していただきたいのです。そしてそれを察知したのならば、その傷口をこれ以上広げないためにはいったいどのようにしたらよいのかということについての対策を、次に立てる必要があります。そして、その対策を立てるためには、自分よりももう一段高い人生観を学ぶということが大事です。

（中略）

そうすると、私はこの優れた人生観とはなにかと言えば、それは卓越した心の操縦法であると、そのように言えると思うのです。

（大川隆法『幸福になれない症候群』土屋書店、一九八八年）

このように自分の心を「操縦」して、つねに明るく、安定した状態に保とうとする信仰のあり方は必ずしもまったく新しいものではない。一九世紀末のアメリカでニューソートの運動として広まり、フロイトの心理学の影響なども受けながら、次第に広くアメリカ社会に浸透し、第二次世界大戦後にはポジティブ・シンキング（積極思考）の名で新たに人気を高めもした。日本でもニューソートの影響を受けた谷口雅春によって一九三〇年に創始された生長の家や、同時代（大正末から昭和初期）のモダニズムに影響を受けたひとのみち教団では、このような心理主義的な考え方や信仰技法が取り入れられていた[1]。新新宗教の中では、GLA系統の教団、白光真宏会、阿含宗、ワールドメイト、オウム真理教、そして次にあげるほんぶしん、自然の泉、法の華三法行、ESP科学研究所などにこうした傾向が見られる。これまで以上に顕著になっていると言えるだろう。

ほんぶしんは中間型の新新宗教である。天理教からの分派教団であるほんみちからさらに分かれて、一九六一年に成立した教団である[2]。天理教は心の「八つのほこり」（おしい、ほしい、にくい、かわいい、うらみ、はらだち、よく、こうまん）をはらうという典型的な心なおしの教えをもっている。ところが、ほんぶしんでは七〇年代以降、さまざまな心理技術的実践を導入した。

まず「聞行内観」は吉本伊信（一九一六〜八八）が浄土真宗系統の修行法から開発した心理療法の技法である「内観[3]」にヒントを得たもので、感謝すべきことを数え上げるとともに、母親などの人々を対象として、「してもらったこと」「して返したこと」「迷惑をかけたこと」を数え上げるのだ（なお、吉本による「内観」の技法はGLAや幸福の科学にも影響を与えている)。

「善導」はテープ等で流される音楽や言葉によって心を鎮め、心身をリラックスさせるものである。「福銭集中法」は糸でつるしたコインを見つめながら短時間で心のリラックスと集中を行うものである。「勇魂の言霊《ことだま》」はこぶしをふりかざし、足を踏み出して、次のように叫ぶがごとく唱えるものである。「ひとーつ、自分は運が強ーい」「すべての自信よ来たれー」。その他、ヨーガも行われ、信徒の中には信仰活動とは別にヨーガや健康体操の教師として活躍している人もあるという。

「勇魂の言霊」のように言葉によって「念」を変え、それによって幸福を引き寄せようとする実践や考え方は、中間型の教団である自然の泉の「念親行《ねんしんぎょう》」やその影響を受けている法の華三法行の「七観行《ななかんぎょう》」にも見られる。「七観行」とは次のような言葉を大声で唱えるものである。

一、健康あふれた楽しい毎日です。
二、家族全員がゆたかで明るい毎日です。
三、希望にみちあふれた繁栄一筋の毎日です。
四、よろこびがいっぱいの毎日です。

五、感謝にみちた幸せな毎日です。

六、いつもたのしく三法行をやらせていただく毎日です。

七、親切あふれた生かしあいゆるしあう毎日です。

このような心理操作技術が、法の華三法行が告発されたような、法外な額の献金要求や欺瞞的な勧誘法と結びつく必然性はないかもしれないが、「思いこみ」を強いるこのような実践に危険が潜んでいることは確かであろう。

このような心理技術的な「明るさ」の追求は、自ら宗教であることを否定し、思想や教義めいたことをほとんど言わない、個人参加型のＥＳＰ科学研究所にも見られる。ここでの中心的な考え方は、次のような一節に見られる。

いまが明るければいい。言葉をかえれば、いまを明るくするように努めていれば、いずれ将来は明るくなろう。

ところが、とかく人間は自分の足許を見ずに、先のほうばかり見ようとする。でも、現実の時間は足許にある。そのことを考えれば、足許を見ないことの愚は、一目瞭然のはずだ。

先のことは先のこととして、遠くにおいておけばいい。いまが明るければ、いずれ先も明るくなる。

（石井普雄『最後の超念力』徳間書店、一九八四年、九五ページ）

このような「明るさ」の強調の傾向は、第三部で論じる新霊性運動や自己啓発セミナーなど、心理学と宗教とが重なり合うところで生じている、さまざまな現象とも符節を合わせている。

〔四〕 神秘現象と心身変容への関心の増大

「旧」新宗教では、神仏の救いの力は救済の体験によって実感された。家族一同が「貧病争」から解放されて幸福になるきっかけとなる劇的な出来事が、信仰を深める決定的な体験となることが多かった。新新宗教でも、同じように、あるいは「旧」新宗教以上に神秘的な体験が信仰を深めるきっかけとなる。しかし、それは神秘を通して家族の共同生活が好転するというより、神秘そのものに意義があるという性格が強いようだ。たとえば単に不思議で興味深いとか、日常的世界とまったく異なりきわめてリアルだとか、自分の心身で実感できて何か自己変革につながりそうだとか、そういう印象が信仰のきっかけになる場合が多くなる。さしあたりは神秘の脱手段化と言ってよいだろう(4)。

たとえば崇教真光では、とにかく手かざしをやってみて、未入信の相手が何かを感じなかったかどうかを尋ねる。相手の身体に手かざしをして何か変化があったかどうか、翌日会うと、その一日の間に何か身体の変化がなかったかどうか（たとえば下痢など生じなかったか）と尋ねる。また、タバコやコーラを二本または二杯用意して、一方に手かざしをし、両者の味わいを比べてみるように聞く。もちろんこうした「実験」によって、相手の生活に何の利益がもたらされるわけでもない。ただ、相手に何か神秘的な力や作用を感じ取ることだけを求めているのだ。

真光では、人々に手かざしをしていると、その人が憑《ひょう》依《い》霊に人格変換するという現象も起こされる。人々にかねてから憑依していた霊が表面に浮かんできて、その人の心身を占領し、過去の人物や動物のように振舞ったり、声を出したりするという信仰だ。また、初期のGLAでは「霊道を開く」という現象が頻繁に実践された。その人が千何百年前、二千何百年前の前世に生きていたときに体験したことが突然蘇り、かつての時代、かつての国の言葉を語り出すという設定だ。さらに真如苑では、「接心」という名で霊能者が神仏の意志を直接に伝えるという儀礼が、重要な信仰実践になっている。いずれも霊や神仏や過去の人格の顕現がまことに直接的感性的に示されるわけである。このような神秘の直接顕現の儀礼や行は、日常の共同生活の特定の悩みの解決のためになされると同時に、あるいはそれ以上に神秘を直接的に体感するために行われる。

もっともそうした神秘な力をわがものとすることによって、仕事能力が高められたり、対人関係的心理的な能力が高まったり、自信を強めたりすることが期待されたりすることは多いようである。特定のご利益を得るためというより、ある確信を得ることで気力や精神力を充実させるための呪術といった性格が強いのだ。先ほど述べた「脱手段化」にはこの点で留保が必要だ。崇教真光の体験談を例に引こう。


私が入信しましたのは、昭和五十六年三月、中学三年の時でした。当時私は、音楽が好きで、ドラムをたたいておりました。その時、一緒にバンドを組んでおりました先輩が組み手（真光信徒のこと―島薗注）で、「お前、神様って信じるか」と聞かれ、道場に誘われたのです。

初めて道場へ参拝し、みけんのお浄め（手かざし―島薗注）を頂くと、目を閉じているのに、ものすごく眩しく感じ、合掌していた両手が開いてしまう、という霊動を体験させて頂きました。／このことが、後に無神論者だった私を、研修受講へと決意させる一つのきっかけとなりました。

実はそれきり道場へも行かず、真光のことは忘れてしまっていたのですが、ふとしたことから、仲の良いクラスメートに霊動の体験を話すと、「道場へ連れて行って欲しい」ということになり、約八ヶ月ぶりに道場へ参拝することになったのです。

そして、ちょうどその日が初級研修会の二日目で、元来医者や薬が嫌いだった私は、〝医学迷信〟のみ教えに強く心を動かされました。／又、〈道場の人達は、一般の人に比べて親切で、どこか光っているところがあるな〉と感じたこともあり、研修受講を決意したのです。

（H・Hさんの体験談、『真光』一九八九年四月号）

神秘への通路として、霊や神秘力の顕現と並んで注目されるのは瞑想である。新新宗教では瞑想が信仰活動の重要な要素となっていることが少なくない。阿含宗、GLA、幸福の科学、ほんぶしん、ラエリアン・ムーブメント、ラジニーシ瞑想センター、法の華三法行、大和之宮、オウム真理教などが瞑想を重んじる教団である。瞑想は確実に心身の状態に変化をもたらす。それによって上に挙げたような実際的な効果が生じることも少なくない。しかし、瞑想は日常的な意識と異なる意識状態によって、異なる次元の現実としての神秘の領域を実感させてもくれる。瞑想を重視する教団の中には、意識の変容をそれ自体として尊び、そこに至高の価値への確かな通路を見ようとするものが少なくない。

［五］　自己責任の強調、および自己の霊魂の永続の意識

新宗教は全体として、人間の不幸や恵まれない境遇の原因としてその人自身に責任があるということを強調する傾向がある。逆に、幸福や繁栄もその人自身の信仰やそれにもとづく実践の力でもたらされる、ということが強調される。もちろん、すべてが人間の行為によって決まるというわけではなく、先祖の行った行為の報いであるとか、神の力による幸福であるといった説明もなされる。歴史宗教（伝統宗教）と比べたとき、人間の力と人間を超えた力との関係のバランスが、新宗教では人間の方に傾く度合が大きくなっているということである。

新新宗教ではこの度合がさらに大きくなってくる。自分の責任を自覚して、自分で境遇を打開する強い意志を持てば、運命は改善できる。逆に不遇をかこっているのは、自ら境遇を改善しようとする意欲が足りないからだとする。自立や決断を促す個人主義の考え方とも言えるが、他者への愛や善意によるケアを軽んじる理由として、また組織や指導者の責任を回避する論理として機能する可能性もある。こうした考え方の代表例として、法の華三法行をあげよう。

天声（福永法源による教えの言葉―島薗注）とは、天の法則を現象界であるこの世の言葉に翻訳したものであり、真の人間の姿を人々が実践するための指針であると考えてもらえばよい。

しかし、天声は聞いたり見たりしただけで御利益があるというような、従来の宗教家が説いてきたようないかがわしい代物ではない。そんな甘ったるい人間界の欲望の言葉は、厳として撥ねつける。現実の生活の中で実証されない限り、天声は理解できないのである。それゆえに天声は非常に厳しく、願い、求め、頼って生きようとする人々には耳の痛い、逃げたくなるような行を要求しているように見えるかもしれない。だが、天に従って生きる自分に成れたときにしか、人間は本当の喜びの人生を歩むことはできないのである。本物は決して甘言によって人を惑わすことはない。そして、厳しいがゆえ、本物は少数である。

ありのままの自分の姿を見、自分の中にある天の力に沿って生き始めたとき、人間はすべてを自在にすることができる。そのとき本物の成功、健康、喜びを自分の生活としているのである。

（福永法源『天との出会い』三法行出版協会、一九八八年、一～二ページ）

自分が根本的な態度を切り替えることこそ、すべての幸福の源泉とされる。「宗教」という言葉は、自分以外の存在に自分を委ねてしまう依存性を想起させる。だから、宗教という語がきらわれ、法の華三法行は自らを「超宗」と位置づけていた。「我一人行く」の潔い境地のごとくだが、法外に多額の献金を要求するときには組織に都合のよい論理となる。

こうした自己責任の考え方に立つ場合、必ずしも徹底的な現世主義になるとは限らない。前世、来世を通して存続する自分の魂に責任をもつという考え方もある。そうした場合、輪廻転生とカルマの法則が強調されることになる。個人の霊魂は死後もいつまでも個性を保ち、霊界や「実在界」(「現象界」に対する他界を指す)とこの世とを往復し、永遠に存続していく、そして個人が行った行為はいつかは必ずその人の運命にはね返ってくるという考え方だ。

従来の新宗教(「旧」新宗教)でも、そうした死生観が語られることはあった。たとえば天理教では、死を「出直し」というのはその例だ。しかし、その一方で、死後、霊的なものは神のからだの中にとけこんでいくとか、家の先祖の集合体の中に回帰していくという考え方もあった。天理教の本部や各教会にはりっぱな祖霊社がある。こうした考え方によって、個人主義的な輪廻転生、因果応報の観念がある場合も、それがぼやかされ、やわらげられていた。これに対して、いくつかの新新宗教では個人の魂の輪廻転生が明確に語られ、強い自己責任の意識と結びついている。

他力本願によって、現代人の心を救うことはできない。（中略）己の心は、無限の生命に通じている己自身の王国である。それは己自身であり、誰も侵害することはできない。その王国を第三者に売り渡してしまうため、人々は自分を失い、努力する行為によってのみ力が与えられるのである。

（高橋信次『心の発見　科学篇』三宝出版、一九七一年、一〇五～一〇七ページ）

「なぜ私達は生まれてきたか」／その原因を追及してみよう。私達のほとんどは、こういう。／「望んで生まれてきたのではない。両親が勝手に作ったのだ。だから育てることも両親の当然の義務である」しかしこの考えは間違っている。私達は神仏の子として、己の魂を修行し、神体であるこの現象界に調和のとれたユートピアを築かなくてはならない、という使命を持っている。／そのために、現世に適応した肉体という舟を、神仏は種族保存の本能とともに、私達に与えているのである。肉体先祖、というつながり、これは神の慈悲と

愛が作り出したものだ。（中略）

地位、名誉、金、とさまざまな物を持っている両親を選ぶのも、貧乏人を選ぶのも、自分自身がすべて定めて生誕してきたことであり、現象界では、その中で自分の心の浄化に努力して行くべきこれもまた定めであり、努力の集積が大切なのである。

（同前、二二五～二二九ページ）

初期のＧＬＡや幸福の科学やオウム真理教においては、自己責任の強調と三世にわたる霊魂の連続の意識が明らかに結びついている。新宗教の中での輪廻転生の思想の明確化は、自立や自己責任の意識の強化と深い関係があるようだ。

〔六〕 聖なる宇宙の再構成

新宗教はそれぞれに聖なる宇宙を構築する。もっとも聖なる宇宙の構成に力を入れる教団とそうしたものにはあまり頓着しない教団がある。新新宗教の中では、大山祇命神示教会、自然の泉、ＥＳＰ科学研究所、法の華三法行などは聖なる宇宙の構築にはあまり注意を向けない教団である。これらの教団は心の変革・調整や癒しの実際に関心を集中している。また、伝統的な宗教的聖なる宇宙を援用するというよりも、指導者個人のカリスマやパフォーマンスに依拠する傾向が強い。

その他の教団について見ていくと、早い時期に創設された教団では、どちらかというと法華経＝日蓮宗、神道、先祖崇拝など、日本人に比較的なじみ深く、またすでにひとつのまとまりをもった宗教伝統の枠内にとどまっている傾向が強い。他方、より新しい教団では、諸宗教からもろもろの象徴を縦横に引き出したり、インド、チベットなどのエキゾチックな伝統に依拠したり、宇宙空間の神霊に言及したりするものがふえている(5)。

一九三〇年から七〇年頃までの間に発展をとげた宗教運動の中でもっとも強力な聖なる宇宙は、法華経＝日蓮宗の伝統に依拠するものだった。ところが、新新宗教の中で法華＝日蓮系と言えるのは霊法会、顕正会などわずかである。なるほど創価学会や霊友会や立正佼成会は今なお強力な活動を続けている。しかし、七〇年頃を境として、法華経や日蓮が成長する運動の聖なる中心ではなくなったというのは大きな変化である。

いくらか古い成立年代をもつ真如苑や阿含宗が密教の要素を取り込んだり、超宗派的な仏教に拠り所を求めている教団であることは興味深いところだ。密教とのつながりは[四]で述べた「神秘現象と心身変容への関心の増大」ということと関連する。日本宗教の宗派性を超えて原始仏教へ復帰しようという考え方は、阿含宗によって打ち出され、オウム真理教によって継承されていく（麻原彰晃は阿含宗に所属していたことがあり、そこから多くを吸収している）。また、仏教的な世界観とスピリチュアリズムや神智学的な世界観の統合によって、体系的な霊界＝異世界像を組み立てるという作業は真如苑に萌芽があり、ＧＬＡから幸福の科学への展開の中で洗練されていく（本書、第八章参照）。

ＧＬＡや幸福の科学が提示した聖なる宇宙像は、地球上の諸宗教すべてを統合し、宇宙的な神に中心的な位置を与えるというものである。幸福の科学では宇宙を多次元空間ととらえるが、そのうちの四次元以上が神や霊や死後の生命に関わる世界である。宇宙全体を統括する最高神は二十次元的存在、あるいはそれ以上の高次元的存在とされる。空間的な広がりとしては太陽系、銀河系等をはるかに超えた広がりをもち、時間的には「数十億年のむかし――より正確にいうと悠久のむかしから」存在する。諸宗教の神仏や指導者や歴史上の人物の霊は九次元以下の諸次元に存在するとされる。このようにして現代の科学的世界像と諸宗教の象徴体系を取り込んでまとめ上げた聖なる宇宙像が構成されている（大川隆法『太陽の法』旧版、土屋書店、一九八七年）。より素朴な形ではあるが、大和之宮でも宇宙神としてのアラーの神が最高神で、その使者の役を金星の神である「テレベート様」が勤める。「天照皇太神様」や「阿弥陀如来様」はそれより限定された世界で働く神仏と理解されている。

神霊世界の中で先祖が占める位置は、真如苑や真光では高いものがある。これらの教団では、先祖供養が熱心に勧められる。これに対して、幸福の科学やオウム真理教では先祖はあまり重視されない。これらの教団では、輪廻転生が信じられており、死後の運命は個々人それぞれに歩むものという考え方がとられる。したがって、死後の霊魂が先祖として集合的に機能するという考え方も弱い。オウム真理教ではこの点がはっきりと、次のような形で語られていた。

よく先祖供養だとか、あるいは亡くなった人を崇拝するというのがあるけど、あれは力のない修行者が観念的にこの世に残した宗教であって、真理ではない。真理というのは、親子関係ですら、あるいは兄弟ですら、縁によって生じたものであるということ、そして来世ではまた別の縁ができるということ、これらを理解できるようになることを言うんだね。

（麻原彰晃『マハーヤーナ・スートラ』オウム出版、一九八八年、六二ページ）

これに関連して興味深いのは、教祖が「親」「祖」のたとえで語られることが少なくなり、かわりに「師」（グル）として語られ、ブッダ（釈尊）になぞらえられることが多くなったということである。ＧＬＡでは高橋信次がブッダに、信徒の前世が仏弟子になぞらえられ、「霊道を開く」場面で、ブッダと弟子の師弟関係が演じられた。オウム真理教や幸福の科学でも麻原彰晃や大川隆法はブッダの顕現とされ、ブッダと仏弟子になぞらえた師弟関係がしばしばモデルとして示されている。阿含宗の桐山靖雄や法の華三法行の福永法源もブッダの顕現であることをほのめかしている。ちなみに創価学会の初代、二代の会長（牧口常三郎、戸田城聖）にとっては考えられないことだったであろうが、三代会長（池田大作）はブッダの顕現と見なされることがときにあるようだ。

［七］　破局切迫の意識（千年王国主義）とメシアニズムの昂揚

「旧」新宗教の中にも破局的危機がまもなく訪れるとし、自らの信仰によってのみ危機からの救済が可能だと唱えるものはあった。天理教、丸山教、大本教、ほんみち、天照皇大神宮教などが主なものである。霊友会や生長の家や世界救世教や創価学会の信仰にもそうした主張はいくぶんか含まれていた。大正時代の後期から昭和一〇年頃まで（一九二〇年頃から三五年頃まで）の間、また第二次世界大戦直後の時期は、こうした主張がかなり活発に唱えられた時期である。

しかし、「旧」新宗教の巨大な発展の時期であった一九五〇年代から六〇年代にかけては、破局意識やメシアニズムはあまり目立たなかった。創価学会は王仏冥合《おうぶつみょうごう》の理想社会の到来を夢見ていたが、それに先立つ破局的危機に警鐘をならすことにはあまり熱心ではなかった。日本社会は欧米という目標を目指して豊かな未来への大道をあゆんでいると感じられており、楽観的で前向きな見方が支配的だった。

ところが、一九六〇年代後半から新宗教の中でも悲観的な展望が台頭し始める。一九七四年、一元《いちげん》の宮《みや》の教祖、元木《もとき》教尊《きょうそん》（一九〇五～八一）は大地震の到来を予言してはずれた後、割腹自殺を図った（未遂）。当時はまだ、たいへん珍しい危機感の表明と感じられた。八〇年代になると破局切迫の意識とメシアニズムが広くゆきわたっていく。新新宗教の中でも世紀末に近づくほど、破局切迫の意識が強まっていった(6)。

早くから破局切迫を唱えていたのは、統一教会とエホバの証人である。統一教会とエホバの証人が外来の宗教であるのは偶然ではないかもしれない。真光では一九六二年一月一日より、「火の洗礼」の第一年目に入ったとする。物質文明が極点に達した今こそ、神は霊主思想（「霊主体従」と「体主霊従」を対置する考え方による）を根本とする新しい文明原理へと転換しようとしている。にもかかわらず、人類がその意志に従わない場合、火の洗礼により、大地震、大爆発、大洪水、核戦争＝人類最終戦争が起こるだろう。六二年以降の世界を見ると、すでにその徴候が見えているという。
真光の破局切迫意識は先駆的なものだった。一九七〇年代に世紀末を見越して、「ノストラダムスの大予言」が大流行する（第四章、参照）。一九八〇年頃には日本経済が世界のトップに近づき、他方、資源や環境や人口の問題が抜き差しならないものと感じられるようになる。こうした世間の動きを反映して、新新宗教の中でも世紀末に目を据える千年王国主義・メシア主義が唱えられるようになる。それを象徴するものとして、阿含宗の桐山靖雄による『一九九九年カルマと霊障からの脱出』（平河出版社、一九八一年）の刊行をあげることができる。桐山靖雄は時代の動向をたいへん敏感に察知して、次々と新しい物を打ち出そうとする教祖＝著述家である。一九九九年というのは、ノストラダムスの予言とされる次の一節（五島勉訳）を踏まえている。

一九九九年、七の月
空から恐怖の大王が降ってくる
アンゴルモアの大王を復活させるために
その前後の期間、マルスは幸福の名のもとに支配するだろう一九九九年に先だって世界的破局が訪れ、キリスト教文明の支配が終わり、ブッダの教えによる理想社会が始まる、アンゴルモアの大王とは実はブッダを指し、桐山自身を指すとほのめかされている。

桐山の書物では地球の破滅および日本の危機の切迫は、あまりリアルに語られていない。ところが、オウム真理教、幸福の科学、大和之宮《やまとのみや》などでは、破局はたいへん切迫したものとされ、同時代のさまざまな出来事が破局に結びつくものと受け取られている。また、悪の勢力（悪魔）への恐怖もあおられる。大和之宮の安食天恵《あじきてんけい》に降ったテレベート様からの警告の言葉によって例示しよう（安食天恵『神玉界からの与言の書』元就出版社、一九八五年、八一、九一、九五ページ）。

（昭和五十九年十月十四日午後十時ごろ）

この地球はけがれにけがれ、泥にまみれ、ありとあらゆるものが破滅に近づいている。私たちはこの事実を一人でも多くの人に伝えたくて、遠く金星よりやって来た。救いを求める人は数しれない。しかし真実、この恐ろしい事実を一刻も早く伝えなければならない。私たちは空気が澄みわたり、緑の多いところにしか、姿を現わすことはむずかしい。私たちの星はとてもすばらしいものであるが、地球はもはや、死星となってきている。一刻も早く改めるべきです。

私たちは告げます。地球破滅を救うために、まず今第一に改めることは、水です。汚れ水を飲むから、人の心も汚れてしまうのです。（後略）

（昭和六十年二月五日）

ケイコ、私です。テレベートです。私、ケイコのことみております。ケイコ、がんばってください。ケイコ、今日は地球の危機、新たな危機を知らせます。ソ連の人、大事な人がまもなく命をおとすでしょう。その次の人、大変危険な人です。アメリカととくに戦いの種まくでしょう。ケイコ、危険です。地球の危機はもはや一刻と近くに近づいてきているのです。早く悔い改めさせなさい。（後略）

（昭和六十年五月二日）

天恵、私です。テレベートです。きのう天恵にいいました。天恵、弱くなってはいけません。これは悪魔の存在がついに天恵の所をさがし出してしまいました。天恵つねに心経を書きなさい。心の経を書くことでアクマの侵入をふせぐことができるのです。（後略）

暴力、犯罪、軋轢

以上、「旧」新宗教と比べてとくに新新宗教の信仰世界に顕著に見られる特徴と思われる点を整理してきた。最後にこのような諸特徴が、オウム真理教に代表されるような暴力的傾向や統一教会の霊感商法のような犯罪、あるいはエホバの証人に見られるような一般社会との頻繁なトラブルとどのように関わりあっているかについて述べよう。これはオウム真理教の悲劇の原因を問うという課題[7]とつながるし、現代の世界の宗教が戦争や暴力に関わることが多いのはなぜかという問題[8]ともつながる。ここでこうした大きな論題に正面から挑むことはできないが、ここまで述べてきたことをそうした論題に関連づけておくことは避けて通れない。

すぐに関わりが見えてくるのは、「破局切迫の意識とメシアニズムの昂揚」という特徴だろう。新新宗教の教団のある種のものは、破局が迫っているのは、現在の社会のあり方が正しくないからであると考え、それを正しい方向に向け直すためには軋轢をいとわず、自らの信仰の立場を頑固に貫く傾向がある。ひいては暴力や犯罪に及ぶことさえいとわない場合も生じる。世の終わりが近づいており、悪の勢力が攻撃を強めてきているのであれば、何としてもそれと戦わなければならない。そのような意識が高まると、暴力や犯罪をもいとわないという考えが生まれやすく、また受け入れやすくなることは容易に想像がつく。殺人をも肯定するオウム真理教の勝手な解釈による「ポア」や「ヴァジラヤーナ」の思想が説かれ、受容されたのは、破局切迫意識の強化されるプロセスの中でのことだった。

加えて、現世志向的な倫理意識が薄れ、現世離脱の傾向や内向的超現実的な関心が強化されることが、世俗社会の秩序や人間関係に個々人をつなぎとめる絆を不安定にしたという要因があげられよう。以上に整理した項目では、［二］～［六］のすべてがこれに関わる。

「旧」新宗教と比べてみると、新新宗教は現世（現代社会）の秩序や人間関係に親しみが薄いものが多い。たとえば家族のまとまりをそれほど強く求めない。むしろ、個人の内面で追求される心身変容や霊魂の永続の自覚の方に力点がある。内向的で現世の他者との持続的な関係にさほど重きを置かない。そこには「空しさ」の感情が漂っている。極端な場合、世俗道徳一般の超越を唱える立場に向かうこともある。内面の実在（魂）や体験（自己変容）や心理（心理統御技法）にリアリティを感じる分、他者や外界、秩序や関係に積極的なものを感じない。もっぱら抑圧的なものと感じてしまうのだ。これはニヒリズムと境を接した態度である。悪に引き寄せられたり、悪を冒すことに無神経になる背景にこのような共有されている世俗的現実との疎隔の意識があると思われる（終章参照）。

以上、新新宗教の信仰世界が暴力や犯罪に向かいがちな理由を二つの側面から見た。こうした信仰世界の傾向は、新新宗教の共同体のあり方とも密接に結びついている。そこでは人と人との持続的な交わりが縮減される傾向がある（個人参加型）。濃密な交わりが形成された場合、それは一般社会から隔離されたものになりがちだ（隔離型）。そして隔離型の内部はたいへん均質で、組織的にコントロールされており、個々人の自由は乏しい。外界との軋轢が生じやすい。ただし、中間型の場合はこれらと異なる。そこでは新新宗教に広く見られる現世離脱的な傾向が見える場合でも、世俗社会との安定したつながりが保たれており、外部との軋轢が生じにくい。

オウム真理教事件以後は、隔離型の教団にとって厳しい時期となった。一般社会の批判が強まり、隔離型的なスタイルを維持することが難しくなってきている。このような状況の下で、新しい宗教運動がどのような信仰世界を繰り広げていくのか、今の私には論じる準備がほとんどない。

注

（1）島薗進「都市型新宗教の心なおし」（湯浅泰雄編『大系仏教と日本人3　密儀と修行』春秋社、一九八八年）、同「生長の家と心理療法的救いの思想――谷口雅春の思想形成過程をめぐって」（桜井徳太郎編『日本宗教の正統と異端』弘文堂、一九八八年）、同「神と仏を超えて——生長の家の救済思想の生成」（上田閑照他編『岩波講座日本文学と仏教　第八巻　仏と神』岩波書店、一九九四年）。

（2）ほんぶしんについては、新屋重彦・島薗進・田邊信太郎・弓山達也編『癒しと和解——現代におけるCAREの諸相』（ハーベスト社、一九九五年）参照。

（3）島薗進「救いから癒しへ——吉本内観とその宗教的起源」、前掲注（2）『癒しと和解』、所収。

（4）こうした側面に早くから注目していたのは西山茂である。西山茂「新宗教の現況——〈脱近代化〉に向けた意識変動の視座から」（『歴史公論』五巻七号、一九七九年）、同「現代の宗教運動——〈霊＝術〉系新宗教の流行と「二つの近代化」」（大村英昭・西山茂編『現代人の宗教』有斐閣、一九八八年）。

（5）近年の宗教運動がより折衷的、編集的になってきているのを、グローバル化や情報化と関連させて、「ネオ・シンクレティズム」や「ハイパー宗教」について論じてきたのは、井上順孝である。井上順孝『教派神道の形成』（弘文堂、一九九一年）、同『若者と現代宗教——失われた座標軸』（ちくま新書、一九九九年）。

（6）対馬路人・西山茂・島薗進・白水寛子「新宗教における生命主義的救済観」（『思想』六六五号、一九七九年）は、救済観の新たな展開として「終末論的根本主義」の台頭について指摘している。

（7）島薗進『現代宗教の可能性——オウム真理教と暴力』（岩波書店、一九九七年）、ロバート・J・リフトン『終末と救済の幻想——オウム真理教とは何か』(岩波書店、二〇〇〇年)、Ian Reader, *Religious Violence in Contemporary Japan: The Case of Aum Shinrikyo*, Curzon, 2000, 島田裕巳『オウム——なぜ宗教はテロリズムを生んだのか』(トランスビュー、二〇〇一年)などの書物があり、他にすでに多くの論文が書かれている。

(8) 一例をあげる。マーク・ユルゲンスマイヤー『グローバル時代の宗教とテロリズム』(明石書店、二〇〇三年、Mark Juergensmeyer, *Terror in the Mind of God: The Global Rise of Religious Violence*, University of California Press, 2000)。

第三章　輪廻転生と終末観

現世志向性との異質性

第一章、第二章では、「旧」新宗教と新新宗教の違いを、主に「現世」の地位の相違という点からとらえた。「旧」新宗教は家族をはじめとする身近な人々と親しく交わりながら、現世での幸福を追求する。たいへん現世志向的である。これに対して、新新宗教は現世での家族や他者との交わりにそれほど高い価値を見出しておらず、内向的な関心が優越し、現世の行く末に悲観的であり、むしろ現世を超えた領域での救いに関心が向いている。

この章では、このような見方の妥当性をさらに二つの側面から検討する。一つは「輪廻転生」観の変化という問題である。第二章では、新新宗教では輪廻転生の思想が強まっており、それが自己責任の強調や個人主義とともに、現世での人生を軽く見積もる考え方につながっているととらえた。この理解が妥当かどうか、さらに新宗教の歴史の中での輪廻転生や死後世界についての観念の変化をたどって検討し直してみる。

もう一つは、「終末観」という側面である。第二章では、新新宗教において、「破局切迫の意識（千年王国主義）とメシアニズムの昂揚」が見られるとし、それは現世での運命の改善、社会の改善に対する悲観的な展望と関わっているととらえた。これはオウムについては確かに言えると思われるが、それが新新宗教の間でどれほど広く行きわたったものであるかは多くの例を見て検討していかなくてはならない。そこで、オウム真理教に大きな影響を与えた、もう一つの新新宗教教団である阿含宗を取り上げ、悲観的終末観、すなわち決定的な破局切迫の意識の広がりを再検討する素材としたい。

この章は第二章に対する補足のような性格をもつ。いわば大鉈を振るって整理を試みた第二章の概観に対して、ズームをかけて焦点を絞り、少数の例を取り上げる。そのように視野をせばめながら鳥瞰図の補正を試みようとするものである。

［一］　輪廻転生と来世観

如来教と二元論的来世救済信仰

新宗教のもっとも早い例として一尊如来きの（一七五六〜一八二六）が一八〇二年に開教した如来教があげられる。(1) 如来教では「三界万霊」の救済を説いた。「三界万霊」という語の「三界」は欲界・色界・無色界を指し、衆生が生死流転し、輪廻を繰り返す世界を指す仏教用語に由来する。一方、「万霊」の方は一切衆生の霊魂（精霊）を指すが、具体的には死者の霊魂を指し、よりアニミスティックな、あるいは死霊信仰的な響きがある。江戸時代以来のふつうの用いられ方では、「三界万霊」とは先祖となることができない、あるいは成仏や極楽往生を実現しえない衆生の霊、つまりは浮かばれない無縁仏のことを指す語である。

きのは子供の頃に両親と三人の兄弟姉妹を失い、結婚にも恵まれず実子もなく、家の継承と先祖の祀りという規範から疎外されていた。自ら無縁仏となる不安を抱えた一生であったが、人が救われるときは無縁仏も救われなければならないと考え、人それぞれが自ら「心前をなおす」とともに「三界万霊」の救いをも念ずることを促す教義を打ち立てたのであった。

この場合の「救い」とは「後世」に行くこと、つまり死後、仏の世界へ赴くことである。ここでは一方に仏教的な輪廻転生観や浄土往生の信仰があり、他方に「イエ」（家）の永続を願い先祖を祀る日本的な先祖崇拝の影響が見られる。しかし、「イエ」の永続に参与しつつ、先祖に守られてこの世の安寧を得ようとすることよりも、「悪婆婆」を去って、死後「よいところ」（浄土）へ行こうとするところに力点があった。これは正統的な浄土教に近い来世主義の救済観をベースとし、「イエ」をめぐる霊の信仰に色づけされたものと見ることができるだろう。
輪廻転生ということに結びつけると、ここでは個々の存在の生死の無限の繰り返しの容器である時間、すなわち過去と未来にのびていく悠久の時間はあまり意識されていない。「イエ」と「浄土」という二つの容器に安定を見出そうとして、そこからはみ出てしまう個人や霊が救いの対象である。「浄土」という容器に永遠の落ち着き所を見出すことこそが救いであり、この世に再び生まれ変わることは展望されていない。輪廻転生を脱して浄土への往生を願う信仰として説明することも可能ではあるが、それでは抜け落ちてしまうものが多い。輪廻転生の観念を色濃く宿しながらも、むしろ「この世」と「あの世」の二つの世界に確固たる実在性（リアリティ）を見出そうとする二元論的、かつ来世志向的な世界観の方に基調がある思想と見ることができるだろう。

天理教と霊友会の現世救済信仰

中山みき（一七九八〜一八八七）の一八三八年の神がかりに淵源をもつ天理教においては、この世と異なるもう一つの世界、すなわち来世の果たす役割がたいへん小さなものになる。親神が人類の祖型を生み出して以来、生き物は限りない数の生まれ変わりを繰り返してきた。しかし生まれ変わりといっても、死後の世界、すなわち「あの世」や「幽冥界」や「霊界」には話が及ばない。魂は神に「抱き取られた」後に、早い時期に神からの「貸しもの」である肉体を得て生まれ変わってくる。死は「出直し」とよばれ、直ちに再びこの世に生を得ることに通じると考えられている。

この世こそが圧倒的なリアリティをもつ世界であり、神と人間の双方にとって重要なすべてのことはこの世で起こる。個々の人間はこの世で「成人」し、「陽気ぐらし」を実現することが人生の目標である。神はその陽気ぐらしを見て、ともに楽しむために人類を創造したとされる。神と人との「神人和楽」の世界を実現するためにこそ、人は何度も何度もこの世に生まれてくるという。これは輪廻転生の信仰を含んでいるが、仏教的なそれとは異なり、生まれ変わりにもっぱらポジティブな意味が込められている。輪廻転生から抜け出すことが救いなのではなく、輪廻転生のなかにおいてこそ救いは達成されると信じられている。現世一元論的で現世救済的な輪廻転生観である。

一九二〇年代に久保角太郎（一八九二〜一九四四）が創始した霊友会になると、再び「あの世」が重要な役割を帯びるようになる。ただし、ここでは「あの世」は「霊界」と名付けられ、現世に隣接して、現世との濃密な相互関係を保っている世界である。霊界には序列があり、最高の境地の仏から浮かばれない霊や悪霊・魔の類までさまざまである。

信仰生活の主要な目標は、この霊界に働きかけて霊界の調和を高め、その影響力によって現世にも高い調和と幸福をもたらそうとすることである。幸不幸は最終的には霊界の仏や魔に由来するのだが、信仰生活でもっとも強い関心を注がれるのは死者の霊、広い意味での先祖の霊である。正しく祀られておらず子孫や関係者を守ることができない霊を探し、それを正しく祀る先祖供養の実践がたいへん重要とされる。それによって現世の幸せを実現できるとし、そこにこそ信仰生活の目標があり、救いがあると信じられている。

ここでは死後の世界の存在が確かに想定されている。しかし、死後の霊魂の運命については「成仏しているかいないか」という一点だけに関心が集まっている。死後、霊界から再びこの世に帰ってくるのか、すなわち輪廻転生するのか、永遠に浄土の楽を得ることになるのか説かれることは少ない。むしろ伝統的な民俗宗教のようにこの世の子孫の守護者としての「先祖になる」という表象が優位にある。救いという語で連想されるのは、まずはこの世の幸せである。したがって霊界にありながらこの世の「イエ」の存在とともに生きることこそ、死後の生の主たる意義となる。輪廻転生の信仰は弱く、二元論的な、しかし現世志向的な霊魂信仰を基調とする世界観・死生観といえるだろう。

以上、発展期に半世紀ほどの隔たりをもつが、ともに近代日本を代表する新宗教といってよい天理教と霊友会の例を見てきた。天理教の世界観・他界観は一元論的、霊友会のそれは二元論的である。死生観として見ると、天理教では輪廻転生の信仰が大きな意味をもち、霊友会では民俗的な霊信仰を引き継ぎつつ、霊界の観念によって教義化が進められ、輪廻転生の信仰はあまり強調されない。このように世界観・他界観や死生観に対照的といってよい特徴をもつ両教団であるが、現世中心的という点では似通っている。この世の幸せの実現に大きな関心を払い、そこにこそ救いという信仰生活の主要目標を見ようとしている。

GLA以後の二元論的・現世離脱的輪廻転生信仰

一九七〇年代以降、新宗教のなかの現世志向的な側面がいくらか後退する。現世での幸せの実現という目標から関心がずれる例がふえてくる。これは現世中心的であった近代的宗教性が後退し、近代以後的（ポストモダン的）な宗教性が力を得るようになったことの現れと見ることができる。この傾向を代表する早い時期の教団に、高橋信次（一九二七〜一九七六）の創始したＧＬＡがある。現在のＧＬＡは大教団とはいえないが、初期のＧＬＡや高橋信次の著作が新宗教の世界に及ぼした影響は小さくない。八〇年代の末以降に急激な発展をとげたオウム真理教や幸福の科学はＧＬＡの影響を受け、近代的な死生観とは異なる死生観を掲げて若者の支持を得た。ここでは高橋信次在世当時、すなわち六〇年代末から七〇年代前半の時期のGLAを取り上げて、これら新新宗教の諸教団の一部に見られる新しい死生観・輪廻転生観の特徴を瞥見することにしよう（第八章参照）。

高橋信次は個々の魂が長い輪廻転生の過程をたどって現在に至っているとする。「霊道を開く」という体験によって、過去の魂の記憶がよみがえってくることがある。そのとき、現代日本人が古代イスラエルや古代インドに、イエスや仏陀の在世時の場面にタイムスリップしていくことになる。そうした遠い過去、遠い場所での魂の経験において、現在の家族や先祖は大した地位をもたない。過去の自分の魂が大切な経験をともにした仲間は、現在の社会では遠い他人として生まれている。生まれる度に人はまったく異なる種類の魂と時をともにしてきた。そのように個々の魂は、孤独な時間の旅人として、永遠の輪廻を繰り返している。

輪廻転生を繰り返すのは、その過程で魂を磨き、霊的に向上していくこと、すなわち悟りや愛の質を高めていくためである。この世に生まれるのはこの世で苦しみにあって人間として磨かれていくためであり、その試練を経ることで永遠の生の本拠であるもう一つの世界での魂の地位が高まっていく。もう一つの世界（霊の世界・死後の世界）は「霊界」とはよばれずに「実在界」とよばれ、この世、すなわち「現象界」と対置される。そしてその実在界は瞑想や意識変容によって実感することができる。実在界には映像メディアや薬物によって繰り広げられる不可思議な幻想世界（ヴァーチャルな世界）と似通ったところがある。しかもしばしば現象界よりも確かな実在性をもつかのように受け止められる世界である。(2)

ここでは現世での生活、とくに現世での家族や共同体の意義が小さなものになっている。七〇年代のGLAや八〇年代後半から九〇年代にかけてのオウム真理教において、「イエ」や先祖とのつながりの意義は、たいへん小さなものと感じられている。人生の目標は実在界において、悠久の時間のなかで孤独な旅を続ける魂によって実現されていく。現在の現象界の生はその長い旅路のひとこまに過ぎないのだ。そのように現世の意義が軽くなり、現世離脱的な意識が増してきたことと輪廻転生への関心が高まっていることとの間に何らかのつながりがある。GLA以後の新宗教（新新宗教）の間に輪廻転生観はかなり広く見られるが、その輪廻転生観は現世（この世）とあの世の二元論的世界観にのっとり、しかも現世離脱的な傾向を強めた輪廻転生観である。ちなみに世界的な新霊性文化（ニューエイジ、精神世界）やチベット密教の流行は、日本のなかのこの傾向と歩調が合っている。(3)

現代日本の新新宗教も近代以前からの日本の宗教的伝統を濃厚に継承している。しかし、日本の宗教史のなかでこのような取り合わせの世界観（他界観）・死生観が広い支持を集めた時期は、おそらくこれまで一度もなかった。しかしなぜか、近代化に先立つ時期の如来教と近代以後を展望する時期の新新宗教（ＧＬＡなど）の世界観・死生観に相通じるものが多い。この節の冒頭に略述した一尊如来きのの孤独な生涯を振り返ると、その理由がいくらかなりと理解できるであろう。

〔二〕「終末観」の深刻さ

オウム真理教とノストラダムス

オウム真理教が東京の地下鉄で無差別テロを行った際、背後に「ハルマゲドン」や「最終戦争」の観念があったことから、「終末観」への関心は一段と高まることになった。「一段と」と書いたのは、オウム事件の以前からも「世紀末」と結びついて「終末観」がさかんに語られ、消費されていたからである。オウム真理教は時代の流行に乗って、ポピュラーな（大衆文化のなかの）「終末観」を受け入れ、極限的な形にまで増幅したといえる。

大衆文化のなかの終末観といえば、すぐに頭に浮かぶのがノストラダムスである。一九八〇年代、九〇年代の日本人にとって、「ノストラダムスの予言」はまことになじみ深い「話の種」であり、「想像の翼」であった。さて、その「ノストラダムスの予言」を日本人の心に植えつけた業師は誰か。それは東北大学法学部卒業の肩書きをもつ五島勉という人物であり、一九七三年刊の『ノストラダムスの大予言　迫りくる1999年7の月、人類滅亡の日』と七九年刊行の『ノストラダムスの大予言Ⅱ　1999年の破局を不可避にする大十字《グランド・クロス》』（ともに祥伝社）が重要だとされる。

山本弘の『トンデモ　ノストラダムス本の世界』によると、(4)五島勉はその後も、単著だけで一一冊のノストラダムス本を書いている。だが、五島に続いてノストラダムス本を生み出したり、翻訳したりした人は少なくない。『トンデモ　ノストラダムス本の世界』は九八年前半までのノストラダムス本の九割をフォローしたというが、そこには一六七冊がリストアップされている。オウム真理教の麻原彰晃は確かに五島の書物から影響を受けたらしい。サリン事件後、このことにいち早く注目したのは評論家の宮崎哲弥(5)である。

有力な新新宗教のいくつかは五島勉の本によってノストラダムスの予言を知り、影響を受けている。独自に新釈本を編んで教義に組み入れている教団すらある。

オウムの『日出ずる国、災い近し』（オウム出版、一九九五）を頂点とするハルマゲドンの世界にも五島の大予言史観の反映が看て取れる。というよりも一種タネ本となっている印象がある。麻原の著書に先立つ五島予言本ではすでに、核兵器や細菌兵器、レーザー光線、神経ガスによる最終戦争が語られ、「地殻変動兵器」（地震兵器！）や未知の超兵器の使用までも言及されている。また麻原教祖が抱いたキリスト教国vs仏国という虚妄の対立構図もここから直接導き出されたのではないかという疑いもある。

（『正義の見方』七八～七九ページ）

私自身はオウム真理教の危機預言的発想は、インド北方のシャンバラ王国の観念や、天理教、大本教、日蓮宗などの伝統をひく新宗教諸教団のなかの危機預言の伝統等、さまざまな源泉から引き出されていると思っている。しかし、宮崎による「五島予言解釈書の叙述パターン」の分析を見ると、オウム真理教と五島流ノストラダムスのつながりは確かにかなり深いものと思わざるをえない。

（1）ノストラダムス等の予言に示されているごとく、人類は滅亡の危機に瀕している。

（2）その危機は、主にユダヤ‐キリスト教文明を背景とするもの、ユダヤ人・白人の諸勢力によって招来されたもので、彼らの世界支配が続く限り状況は絶望的である。

（3）滅亡回避の一縷の望み、一条の光明として、やはりノストラダムスの予言詩に登場している「別のもの」の可能性がある。

（4）その「別のもの」とは、キリスト教文明とは違った価値観、異なった宗教観を基礎とする文明のあり方、人間の生き方であり、それはわがアジア・東洋が生み出した叡智に他ならない。なかんずく「生命の哲学」としての仏法がもっとも有望なオルターナティヴである。

（同前、七九～八〇ページ）

阿含宗の桐山靖雄とノストラダムス

オウム真理教と五島流ノストラダムスの関連は、間《あいだ》に阿含宗の教祖、桐山靖雄《きりやませいゆう》を入れて考えるとたいへんわかりやすくなる。二〇代の麻原彰晃が密教的な自己変容の思想にひかれていく際、阿含宗からきわめて大きな影響を受けたことは、オウム真理教の教義と暴力の関わりを考察した拙著(6)で述べたが、危機預言の側面では、五島＝桐山＝麻原の連関が明白だ。

桐山靖雄には、ノストラダムスの「一九九九年七の月」を焦点にすえた四冊の本がある。

- 『一九九九年カルマと霊障からの脱出』（一九八一年）
- 『一九九九年地球壊滅』（一九八八年）
- 『一九九九年七の月が来る』（一九九五年）
- 『一九九九年七の月よさらば！』（一九九九年、以上いずれも平河出版社）

『一九九九年カルマと霊障からの脱出』によると、桐山がノストラダムスに深く関心を持つに至るきっかけは一九八一年四月のことで、神田の書店街のある書店で五島勉の『ノストラダムスの大予言Ⅲ』に出会い、危機預言と結びつけられる例の詩句（第二章参照）のページに目が止まったとき、桐山は「すさまじい戦慄と恐怖にうたれた」。一九九九年七の月に「空から恐怖の大王が降」り、「アンゴルモアの大王を復活させる」という詩句だが、その「アンゴルモアの大王」と「アーガマ」に深い関係があるとひらめいたのだという。

「アーガマ」とは「阿含」の原語で「教えの源泉」を意味するが、仏教の文脈ではブッダ直説の教説としてまとめられた、比較的古い時期の経蔵を指す。阿含を尊ぶということは、後世に発展した大乗仏教の経典に対して、原始仏教教団に伝えられたブッダ直説の教えを尊ぶことを意味する。これが桐山靖雄の阿含宗の主要教義の一つだ。一方、五島勉は『大予言Ⅱ』で「アンゴルモアの大王」とは「モンゴリアの大王」の意味であるという説をとっていた。ところが、仏教研究の泰斗、中村元博士が、実は釈迦族出身のブッダはモンゴル人だと述べている。そうだとすると、「アンゴルモアの大王」とはモンゴル人の大王であり、ブッダ釈尊を指していることになる。

五島勉はノストラダムスの章句を、欧米のキリスト教を基礎とした物質文明が滅びることの予言とし、それにかわる精神文明が日本にこそあるととらえた。桐山は「恐怖の大王」とはその物質文明のもたらしたものであり、それにかわる精神文明はモンゴル人ブッダの精神を日本によみがえらせることによって可能になる、桐山と阿含宗こそがそれを実現するのだと主張する。五島が説く日本中心主義的な危機預言と「ブッダの原初の教えに帰る」という阿含宗の教義をむすびつけ、実は桐山こそが「アンゴルモアの大王」、すなわちブッダを復活させるアーガマの人であり、モンゴル系の人であるとほのめかすのだ。

『一九九九年地球壊滅』はフィクションで、天体上の異変や生態学的危機の高まった地球で一九九九年七月二七日に世界各国五カ所で原子力発電所が破壊され、世界はパニックに陥ったという設定だ。この破壊的行動をしかけたのは、アメリカのカルト集団でそのリーダーこそ「恐怖の大王」にあたる人物ではないかと示唆されている。物語は少し時間を遡り、キリスト教的なメシア信仰の熱情にかられ、終末を待ち望む彼らが、原発破壊へと突き進んでいく過程が描かれる。一方、老タゴールとよばれる指導者に率いられるインドの聖者集団が、危機の進行を察知しながら、危機克服の可能性について考えている——こんな筋書きだ。

その老タゴールが九九年の初め頃、ノストラダムスの例の詩句を解読しようとし、「アンゴルモアの大王」は日本にいると察知し、調査の結果、「阿含密宗」を立てた「高山聖峰」という名前を見いだす（「高山聖峰」＝「桐山靖雄」という等号を見逃す人は少ないはずだ）。高山聖峰は「求聞持《ぐもんじ》聡明法《そうめいほう》を体得し、シャカの解脱法を修行した一〇人の聖者がおれば、地球のいかなる危機をも乗り越えてみせる」といっているという。老タゴールは高山聖峰こそ危機を救う存在だと納得し、日本に行って彼に会おうと考える。高山とともにアメリカに行って、破壊活動をしかけている「メシア」に会い、説得しようというのだ。もし、応じない場合は高山とともに戦おうと決意する。この高山聖峰に関わる五〇数ページは袋状にカバーがかけてあり、はがさないと読めないようになっている。そこまで読み終わると、「第一部終わり」とあり、続編（未刊）を期待させて結びとなっている。

深刻ではない「終末観」

『一九九九年七の月が来る』は地下鉄サリン事件直後、九五年の四月二七日に刊行されている。例のごとく機を見るに敏な桐山だが、このときは阪神淡路大震災の衝撃のなかで一気に書き上げた本を出版しようとしているところに、オウムによる大事件が起こったという順序となった。ここでは九九年七の月に「放射能を帯びた原子炉の灰の降下」が起こるかもしれないが、「アンゴルモアの大王」が平和と繁栄をもたらし、二〇〇一年からは回復、安定に向かうとされている。さらに、九九年六月に刊行された『一九九九年七の月《ノストラダムス》よさらば！』では、「アンゴルモアの大王」は桐山自身であるというより、ブッダの教えを指し、桐山がモンゴルや中国やインドで講演会などの友好活動を行っていることが、「アンゴルモアの大王」を復活させることであるという。キリスト教系文明にかわり仏教系文明が世界を復興させる時代への転換を、この友好活動が具現していることになるのだと述べられている。

以上、桐山靖雄による「一九九九年七の月」の意味づけの変容の経過を見てきた。桐山の著作に刺激されて、麻原のような人物が強烈な終末預言、すなわち決定的破局の到来と少数者の生き残りという発想を引き出すに至ったのは、さほど不思議なことではないだろう。麻原が「最終戦争」のための無差別テロに乗り出す前提となる観念の多くがここに見いだされる。しかし、桐山自身の危機預言は麻原のそれとはだいぶ異なるものであった。破局的な危機が来るかのようなほのめかしはたくさん見られるが、実はそれをさほど真剣に、深刻に受け止めているわけではない。むしろ危機が去った後の平穏な日常や生命力の回復の方に力点があるかに見える。

民俗学者の宮田登は『ミロク信仰の研究』（一九七〇、七五年）、『民俗宗教論の課題』（一九七七年）や『終末観の民俗学』（一九八七年）などで(7)、日本の「終末観」では「世の終わり」のイメージがあまり突き詰められず、決定的な終末の観念は乏しいと論じた。それよりも「世直り」観に見られるように、向こう側に新たなよみがえりが展望されるような種類の、農耕社会的な循環的で楽観的な未来願望が支配的だというのである。桐山靖雄と阿含宗のノストラダムス解釈を見ていると、宮田の理解がぴったりあてはまるようだ。そこでは「終末」「終末観」という言葉は似つかわしくない。むしろ「危機預言」といった語が適切だろう。

新新宗教の「終末観」がいずれも深刻な破局切迫意識を伴ったものだったわけではない。阿含宗の場合、ある程度破局の危機を説き、恐怖感をあおりはするが、深刻にそれを受けとめ、破局に対処するための行動へ移すというようなものではなかった。こうした「終末観」がすでにノストラダムス・ブームという形で大衆文化の中に広まっており、それにいくぶん色づけしたという程度の危機預言を説く教団もあったわけである。

しかし、そうした世界観から麻原的な切迫した破局や滅亡と少数者の生き残りのヴィジョンへの道はけっして遠いものではなかった。危機預言から終末預言へはほんの一歩ともいえる。オウムという日本産の過激な「終末」思想は、大衆文化と阿含宗の危機預言との双方に養われ、八〇年末から九五年までの数年、異形の姿を世に顕わした。新新宗教に広く見られる破局切迫意識がそうしたポテンシャルを蓄えたものであることは否定できないのである。

注

（1）如来教については、重要な研究成果があげられている。この章での私の考察はそれらに依拠したものである。とくに、以下の業績の恩恵を受けている。神田秀雄『如来教の思想と信仰』（天理大学おやさと研究所、一九九〇年）、同「近世後期における宗教意識の変容と統合」（『日本史研究』三六八号、一九九三年四月）、浅野美和子『女教祖の誕生――「如来教」の祖・媹姾如来喜之』（藤原書店、二〇〇一年）。

（2）GLAのこうした宇宙観・世界観・死生観については、本書の第八章でも論じている。助けになる叙述は、沼田健哉『宗教と科学のネオパラダイム』（創元社、一九九五年）、熊田一雄「輪廻・転生」（『日本の仏教』第六号「論点・日本仏教」法藏館、一九九六年）に見られる。

（3）島薗進『精神世界のゆくえ――現代世界と新霊性運動』（東京堂出版、一九九六年）、同『現代宗教の可能性』（岩波書店、一九九七年）。

（4）山本弘『トンデモ　ノストラダムス本の世界』（洋泉社、一九九八年、宝島社、一九九九年）。

（5）宮崎哲弥『正義の見方』（洋泉社、一九九六年）。

（6）島薗進『現代宗教の可能性』、前掲注(3)。

（7）宮田登『ミロク信仰の研究』（未来社、初版、一九七〇年、新訂版、一九七五年）、『民俗宗教論の課題』（未来社、一九七七年）、『終末観の民俗学』（弘文堂、一九八七年）。

第二部　ナショナリズムの興隆

第四章　反世俗主義とナショナリズム

現代世界の潮流に照らして

この章では、新新宗教を広く現代日本の文化的潮流の中に位置づけてみたい。宗教とナショナリズムの関わりを広く概観し、その中で新新宗教の占める位置が見えてくるよう、大きな図式を描いてみたい。さらにナショナリズムだけを取り出すのではなく、第三部でも取り上げる反世俗主義と関連づけ、現代日本の宗教的ナショナリズムの位置を明確にするという作業も同時に行っておきたい。

このようなことを試みるのは、一つには新新宗教を社会の周辺に生起している特殊な現象として見るのではなく、社会の全体的な変動に深く関わるものであることを示したいからである。もう一つの理由は、日本の独自な現象と見られがちなこの現象を、世界の宗教や文化の動向に照らし合わせてとらえる視座を獲得したいからでもある。

一九七〇年代以降、世界各地で社会生活の中の宗教的要素を強化しようとする宗教勢力の動きが目立つようになった[1]。社会生活を宗教的要素と世俗的（非宗教的）要素のせめぎあう場としてとらえると、後者の要素（世俗的要素）を縮小し、前者の要素（宗教的要素）を拡充しようとする動きである。たとえば、妊娠中絶や結婚をめぐる宗教的規範を守ろうとする運動、安息日のルールや飲酒の禁止などの宗教的戒律の遵守を求める傾向、子供の教育に宗教的な内容を含め、あるいは増大しようとする試み、ムスリムの女性がヴェールを着け、男性が髭をたくわえるなどして世俗社会とは異なる共同性を明示しようとする態度などである。社会制度の原則については、政教分離に対して否定的で、公的生活にも宗教の影響が及ぶことを是認しようとする姿勢を打ち出そうとしている。

これらしばしばファンダメンタリズム[2]と称される潮流は、イスラムやユダヤ教やキリスト教で顕著に見られる傾向であるが、ヒンドゥー教、仏教など他の宗教の影響下でも類似した傾向が見られる。このように公的領域を含む社会生活の広い範囲で、世俗的生活の縮小と宗教的生活の拡大を求める考え方や主張を「反世俗主義」とよぶことができるだろう。

一方、この動向を世俗的ナショナリズムから宗教的ナショナリズムへの移行としてとらえることもできる。ナショナリズムとは「国家と国民文化への賛美と献身、愛国心を強調するイデオロギー[3]」だが、一九世紀は一八世紀に西洋で興隆したナショナリズムが、世界各地へ輸出されていった時代ととらえることができる。二〇世紀もその動きは継続され、二〇世紀の末にはナショナリズムは世界のすみずみにまで及ぼうとしている。

そのナショナリズムはさまざまな種類のものを含み、時期によっても違いはあるが、宗教的／世俗的という規準をとれば二〇世紀の四分の三の時点までは、全体として世俗的ナショナリズムが優位にあったと言えるだろう。「国家」や「国民」が聖なる共同体として想像される場合、宗教は後景に退くのが通例と考えられた。もちろん宗教を掲げて国家や国民の聖なる使命を鼓吹する運動はそこここに生じたが、大きな流れとしては、世俗的ナショナリズムの優位が明らかだった。

ところが一九七〇年代末のイラン革命に明瞭に現れたように、二〇世紀の最後の四半世紀は、宗教的ナショナリズムの興隆が世界各地で顕著になった。(4) インドにおけるヒンドゥー・ナショナリズムの興隆は、ファンダメンタリズムと名づけるのは不適切であり、インドのナショナリズムが反世俗主義の傾向を強めたものと見る方が自然である。現代世界で反世俗主義の興隆としてとらえられる動きは、宗教的ナショナリズムの興隆としてとらえた方が理解しやすいとする論者もいる。

ポストモダン的な反世俗主義とナショナリズム

反世俗主義そのものは必ずしも新しいものではない。近代化による世俗化の影響を脅威と受け止めた人々の間では、つねに反世俗主義の動きがあった。たとえば、近代化の過程で生じる宗教運動は、世俗化を受け入れていく既成宗教に対して、新たに宗教性を復興させようとする意図をもっている場合が少なくない。しかし、世俗化や政教分離が強力に推進される以前には、反世俗主義という動機は目立ったものにならない。また、世俗化や政教分離が避けがたい趨勢と感じられている場合には、公的制度に新たに宗教的要素をもちこもうとする試みはあまり成功の見込みがない。どちらの場合も、世俗性に対する公然たる対抗という動機は表に出にくい。宗教運動・思想運動の形を取るとき、国家を通しての反世俗主義の支持や、私的領域での信仰生活の強化に専念するので、反世俗主義の動機は目立たぬものになりがちである。

ポストモダン的な時代相での反世俗主義は、このような目立たぬ反世俗主義や私的領域への信仰生活の撤退に満足せず、すでに世俗性が露わになった社会において、積極的に公的領域の宗教性の拡充を志向するような性格をもっている。ナショナリズムの動向としてとらえれば、世俗的ナショナリズムは進歩の目標を担う攻勢的なイデオロギーとしての姿勢を弱め、かわって反世俗主義的な性格をもつ攻勢的な宗教的ナショナリズムが台頭してくる。そうした運動が広く見られるようになったのが一九七〇年代以降の世界の宗教をめぐる状況の特徴である。

では、日本ではどうであろうか。日本でもそのようなポストモダン的な反世俗主義や宗教的ナショナリズムの興隆が観察できるだろうか。答えはイエスである。ただ、日本の場合の特徴は、一つの宗教伝統が強力に反世俗主義や宗教的ナショナリズムを主張しているというよりも、宗教伝統としては不定形である神道を中心として、多様な形をとった宗教的ナショナリズムが展開しており、その中で反世俗主義的傾向が目立つという状況である。また、それと並んで宗教的ナショナリズムと結びつかない反世俗主義も台頭してきている。このように複合的な状況であるため、反世俗主義や宗教的ナショナリズムの興隆という事態が自覚されにくい。

以下、この章では、一九八〇年代、九〇年代の日本の宗教的ナショナリズムと反世俗主義の動向の見取り図を描きだして、世界的な動向の中でのその特徴を明らかにする手がかりを探ってみたい。ちなみに宗教的な動機に基づく政治参加を熱心に実践してはいるが、反世俗主義はあまり見られない創価学会のような集団もある。これはむしろ、近代的な時代相に通じる点が多い宗教的政治参加の形態と見ることができるので、ここで正面から取り上げることはしない。

［一］　宗教制度のポストモダン

国家神道体制とその解体

一九四五年以降、日本は占領軍の指導の下、政治体制の根本的な変革を行ったが、その中では宗教制度の変革もたいへん重要な部分を構成していた。四五年までは神道に特別の地位が与えられ、国民生活の公的領域に浸透していた。それは日本の宗教的ナショナリズムの主要な形態となったものであり、広い意味での「国家神道」とよびうるものである(5)。天皇は国民の精神的支柱として尊ばれ、神道の主要神格の一つである天照大御神の子孫と見なされていた。祝祭日はいずれも神道や天皇に関わるものであり、学校ではそれにふさわしい儀礼が行われた。道徳教育（修身科）や日本史の教育は天皇崇敬の視点からなされ、ナショナリズム化された神道的世界観が教え込まれた。教育勅語はこうした儀礼と教えの双方の中核として機能した。天皇の祖神を祀る伊勢神宮から、かなりの数の地域神社に至るまで、国庫の財政による支えが提供された。国威を発揚するための神社が国内のみならず、植民地でもいくつも建設され、重要な役割を果たした。

一九四五年八月以降のいくつかの布告や法令（とりわけ四五年一二月のいわゆる「神道指

令」）と、四七年に施行された日本国憲法によって、こうした神道の特権的地位は剝奪され、神社神道は他の諸宗教と並ぶ一宗教の地位に格下げされた。また、教育勅語や天皇をめぐる宗教的言説の影響力は、公立学校をはじめとする社会生活の諸局面から除去された。こうして宗教的ナショナリズムの決定的弱体化が遂行された。

日本の場合、世俗主義や世俗的ナショナリズムの優位は、ようやく一九四五年に至って確立した。明治維新以後、第二次世界大戦収束までは、国家神道という宗教的ナショナリズムが優位にあった。日本の近代を世俗主義の優位として特徴づけるのは適切ではなく、一九四五年をもって初めて世俗主義的近代が始まったとも言えるだろう。

近代日本の宗教や思想の多元性

これは国教体制の終焉と政教分離の確立を意味する大きな変革と解釈することができようが、少し注釈が必要である。日本の多数の地域住民はすでに一六、七世紀以来、葬祭や農耕儀礼などの周期的儀礼生活の側面においても、日常生活の悩みや願い事など危機克服や救済追求の側面においても、仏教や（神仏習合的な）民俗宗教や民衆宗教集団（富士講など）に深くコミットするようになっていた。国民生活の中での神道は神仏習合的なものの一部を中心にそれなりの大きさの位置を占めたが、それは祈願行動や救済追求の一部を占めるにすぎなかった。右に述べたような形で神道が公的領域で国民生活に深い関わりをもったのは、近代になってからのことである。国教といっても公的領域でのある種の機能を独占していたにすぎず、国民生活の中での神道の位置は諸宗教の中の一つにとどまっており、私的領域での宗教はすでに多元的であった。

宗教制度上も一八八九年の大日本帝国憲法の下では、諸宗教に信教の自由が認められ、宗教的な多元主義はこの段階ですでに制度化されていたといえる。ナショナリズムという点では、国家神道という形での官製ナショナリズム、公定ナショナリズム(6)の影響が大きかったのは言うまでもないが、それはさまざまな形での宗教的、世俗的ナショナリズムを十分に許容するものであった。このような柔軟で多元的なイデオロギー秩序を生んだのは、西洋の近代的制度に学んだという理由ばかりでなく、むしろすでに宗教伝統や宗教教団が多元的に並存するという事態が存立していたという理由が大きかった。私的領域での宗教・思想の多元性と公的領域での神道による統一という点に、近代日本の政教関係の特異な様相が見られる。そのような形で、国家神道という宗教的ナショナリズムによる国家統合の下でも、世俗主義的な潮流や非公式的な宗教的ナショナリズム(とりわけ法華仏教系のそれ)の興隆は顕著に見られたのである。

このように世俗主義的な潮流や非公式的な宗教的ナショナリズムが多様に展開する一方

で、国家レベル公的秩序レベルでの宗教的・公的アイデンティティの強化の要求が神道や天皇崇敬に託されるという状況は、一九四五年以後もあまり変化はない。ただし、四五年以前は世俗性に基づく国制が確立しておらず、国家主導の宗教的ナショナリズムの影響力が強く、反世俗主義的な精神運動が広い範囲の国民を巻き込んで展開したものが、四五年以後は世俗主義の優位と神道的ナショナリズムへの強い反対の声のにぎわいに抗いながら、大きな成功への展望をもたない防衛的周辺的な運動として進められるにとどまったという点に相違があった。

ポストモダン的な宗教的潮流

ところが、一九八〇年代に入ると、新たに多様な形態の宗教的ナショナリズムの高揚が見られるようになる。それらは戦前の伝統を引き継ぐものであるとともに、世界的な反世俗主義の潮流を反映するものとも見ることができる。また、宗教的ナショナリズムと結びついた反世俗主義とともに、宗教的ナショナリズムとは結びつかない反世俗主義の台頭も目立ってくる。これらは優位にある世俗性に対し、公然と対抗しようとするポストモダン的な反世俗主義の傾向を帯びるものと言える。

それは「戦前への回帰」という側面をもっており、公然とそう主張されることもある。

そこには、一九四五年以後の占領軍のイニシアティブによる世俗主義の導入に対するルサンチマンが背景にある。たとえば、第二次世界大戦後の日本は伝統的な精神的価値を見失ってしまった。それを取り戻さなくてはならないと主張される。この「回帰」の主張は、近代的な世俗主義の優位を前提とし、それに対する対抗という性格を濃厚にはらんでいる。その意味で、ポストモダン的な反世俗主義や宗教的ナショナリズムとして理解することができるものである。

八〇年代以降の日本の反世俗主義と宗教的ナショナリズムは、主に三つの形をとって展開してきた。宗教的ナショナリズムに力点があるものと反世俗主義に力点があるものとが含まれているが、まとまった宗教運動、精神運動としては次のように整理できるだろう。

（1）国家儀礼や精神伝統擁護による国民統合強化の主張

（2）新新宗教（第四期新宗教）

（3）ナショナリズム的な霊性賞賛、および霊性開発運動

三者の間には明らかに相互影響関係があるが、おたがいに対立する主張や方向性が含まれている場合もあり、それぞれ独立した現象群と見るのが適切である。

以下、三者のそれぞれについて、一九九〇年前後を念頭に置きながら、例をあげて概観していくことにしたい。

［二］　国家儀礼や精神伝統の強化

儀礼的秩序をめぐる争点

天皇の即位と死にまつわる儀礼（御大葬、大嘗祭など）や戦没兵士の慰霊（首相らの靖国神社公式参拝）を、国家の主導や積極的な関与の下に、可能ならば神道行事として行うべきだという主張である。これまでのところ、憲法にのっとり、これらの儀礼への国家の関与は制限されてきた。これに対し、神道による国民統合や天皇への畏敬の念を強化すべきだと考える人たちは、御大葬や大嘗祭を国家行事として行い（一九八九年の昭和天皇の死とともにこの声が高まった）、靖国神社に首相らが公式参拝を行うことを求めている（一九六九年に靖国神社の国家護持を目指す「靖国神社法案」が発表されたが、それはのちに撤回され、七五年以来、首相らの公式参拝の実現が目標とされている）。

政治勢力の中では、自由民主党、および自由民主党から別れた諸派の中の国家秩序・国家伝統重視派の人々とその支持層（神道界や一部の新宗教もその中に含まれる）がこの立場をとっている。学者・知識人・ジャーナリストの中にも、この立場を支持するべく、強力な論陣をはる人々がいる。これらの人々は、歴史教育においても「侵略」などに力点を置いて国家批判を強調するのではなく、国家の過去、とりわけ皇室や神道的伝統についてむしろ積極的に言及すべきだと主張する。

こうした動きに強く反対しているのは、仏教徒やキリスト教徒の一部、人権や社会正義や国際友好を重視する人々、また、敗戦前のような日本の拡張主義の復活に危惧を抱く人々らである。政治勢力としては、社民党、共産党、公明党、そして民主党の一部とその支持層がこの立場をとる。国家関与反対派は神道という特定の宗教に国家が積極的に関与することは国民の信教の自由を脅かし、憲法の「信教の自由」、「政教分離」の規定に反するとする。そして、愛国主義の強調は敗戦前の軍国主義、全体主義の復活への道を準備するものと見る。

反対派の見るところでは、天皇の代替わり行事を国家行事とし、天皇への崇敬心を復興させようとすることは、日本の国家・国土・国民が特別の神的性質をもち他国に優るというおごりを育て、日本を孤立化させる結果を招く。また、天皇と国家のために一命を捧げた戦没兵士を「英霊」として祀ることは、過去の戦争を美化し、とりわけアジア諸国に対する侵略戦争を正当化するものである。さらに、これらの儀礼の中には近代国家において作り出されたものが少なくない。たとえば靖国神社のように味方のみを慰霊したり、一般兵士の霊を神として祀るというような信仰や習俗は近代に始まるものであり、国民国家が膨張させたものにすぎない。天皇の葬儀も長らく仏式で行われていた、などの事実が引き合いに出される。このようにいわゆる国家の「伝統行事」の多くは歴史上、長期にわたって行われ続けてきたわけではなく、長い伝統をもつものとはいいがたいとも主張する。

政教分離をめぐる争点

これに対して、国家関与賛成派は憲法の政教分離規定がやや極端なものであると見ており、憲法を受け入れるにしても政教分離規定をより柔軟に解釈すべきだとする。主に、一九八六年から九〇年の間に刊行された、安蘇谷正彦『天皇の祭りと政教分離』、江藤淳・小堀桂一郎編『靖国論集――日本の鎮魂の伝統のために』、大原康男他『国家と宗教の間――政教分離の思想と現実』によって[7]、その主張をやや詳しく見ていこう。

政教分離を国家と宗教の完全分離と受け取るとすれば、それは反宗教的な規定となり、共産主義国家を除けばきわめて特殊な例となる。アメリカ合衆国のようにかなり強い政教分離規定を採用している場合でも、国家と特定宗教団体（church）との分離を要求しているにすぎない。国家行事・公的行事の中には宗教的性格を免れえないものがあり、それらから宗教性をまったく排除することは不可能である。そうだとすれば、それらの行事は長い伝統をもつ神道の作法にのっとって行うべきであり、新たに宗教色を脱した行事を作り出したりすべきではない。あるいは、行事を宗教的な部分と世俗的な部分に無理矢理分けるようなことはすべきではないという。

御大葬や即位儀礼については、皇室と結びついた神道行事が千数百年にも及ぶ長い伝統をもち、世界的にも誇るべきものであるとする。また、イギリス国王とイギリス国教会の密接な結合、アメリカ合衆国の大統領就任式や議会におけるキリスト教の関与の例など、海外の事例を引き合いに出して、国家元首や国王が宗教儀礼によってその地位につくのは特殊なことではないとする。葬儀の場合には、「無宗教」で行うことこそ、むしろ特殊な例であるとする。日本の場合、憲法にも天皇は国民統合の象徴とされているとおり、国民のアイデンティティにとって天皇はきわめて重要な存在である。その天皇の尊厳性を高めるためにも、伝統にのっとった神道行事を行うべきであるという。

一方、靖国神社の公式参拝については、国家の手で宗教行事による戦死者の追悼を行うことは、他の国々でも当然のこととされており、これを行わないことは、過去の国民への忘恩であるとする。死者の霊を手厚く葬り、安らかならんことを祈る「鎮魂」の伝統は、日本文化に深く根を下ろしている。遺骨や死者の遺したものに執着するのも、日本独特の宗教的精神の表れである。『万葉集』から現代まで、日本文学の名作の中には、鎮魂の思いを述べたものが少なくない。身近な死者への鎮魂の伝統こそ、柳田国男が『先祖の話』

（一九四四年）で日本人の固有信仰の核心と見なしたものであり、神道の本質に関わるものである。この伝統に基づく靖国神社公式参拝は戦後も自然に行われていたものであり、中国など外国の圧力に対する配慮は根拠がなく、無用のものである。とりわけA級戦犯が合祀されているからという理由は、戦勝国による一方的な押しつけである東京裁判の性格を無視しているという。

天皇の代替わり行事（御大葬・大嘗祭）と靖国神社の双方において、現代の日本でこれほどまでに政教分離が強調されるわけをたどっていくと、現行憲法（一九四七年）、およびそれに先だって出された神道指令（一九四五年）に行き当たる。神道指令の内容は、アジア太平洋戦争（大東亜戦争）において日本が軍国主義的・侵略的な態度をとった背後には「国家神道」（＝神社神道）があったとする判断に基づいている。そこで国家神道の影響を排除するために、極端な政教分離と神道冷遇の制度が要求されることになった。

しかし、これは戦勝国の一方的な歴史解釈と政治的意図によるものであり、それをそのまま受け入れる必要はない。アジア太平洋戦争（大東亜戦争）は西洋列強の圧力に対する抵抗とアジア解放のための戦争という性格が基本であり、神道が軍国主義をあおったというのも正しくない。国家の過去や伝統の軽視、蔑視によって、戦後の日本人の精神生活は著しく貧しいものになってしまった。今や、神道指令の呪縛から自由になり、日本の伝統を正しく認識し、それにふさわしい政教関係へと転換すべきである、とも論じられる。

〔三〕　新新宗教の中で

真光のナショナリズム

現代日本の宗教的ナショナリズムと反世俗主義の第二の形は新しい傾向を含んだ新宗教、すなわち新新宗教である。一九二〇年頃から一九七〇年頃までに大きな発展期を迎えた第三期の新宗教と一九七〇年以降に大きな発展期を迎えた第四期の新宗教を比べると、第四期の新宗教（新新宗教）に自己主張的なナショナリズムの傾向が目立つものが多い、詳しくは第五章で論じるとして、ここではさまざまな方向性をもった新新宗教の中に広くナショナリズムと反世俗主義が見られることを概観しておこう。

世界救世教の系統を引き、すでに一九五九年に成立している真光系教団（世界真光文明教団、崇教真光）は、戦前の新宗教との連続性が示しやすい例であるが、大本や世界救世教が戦後は平和主義を強調したのに対し、ここでは日本の優位を主張する教義が背後に押しとどめられていない(8)。戦後を飛び越して戦前のパターンとの連続性が強い。真光の教えでは日本という国は世界発祥の地であり、世界人類は日本から広がっていったとする。とりわけ日本は人類の霊的な資質の源となる国であり、日本語はあらゆる言語の土台である。そうした意味で世界の中心である日本の、そのまた中心は、神話時代以来、万世一系の天皇であり続けてきた。天皇を指すやまとことばであるスメラミコトとは、「世界人類教化の中心者」という意味である。日本文化はさまざまな外来文化の影響を受けた雑多なものであるというような、日本人の主体性を見失った歴史観は誤りである。今後、世界を破滅から救う役割が日本人に課せられている。高度経済成長期の日本の物質的発展は、新しい「霊主」の文明が日本から展開していくための前提となる現象であるという。

ワールドメイトの霊的国防論

次に一九八六年に成立したワールドメイトの例を見よう。ワールドメイトの指導者、深見東州は時事的な問題にすばやく対応し、予言的神示を述べることが少なくない。一九九五年の二月三日には、神武天皇と国常立大神《くにとこたちのおおかみ》様の降臨により、「今年は、日本の国始まって以来の危急存亡の時である。蒙古襲来の時の二倍危険な事態となる」という知らせを受けたという。(9) この危機とは戦争を意味し、このままでは五〇万人の人が命を落とし、「最悪の場合、二六五〇年続いた日本の国は今年滅んでしまう」という。しかし、これをくい止める手段はある。まずは、「日本の末だ眠れる、国の守りをなす神域を早急に開き、そのご神霊を神起こすべし」。すなわち、「緊急特別国防神業」として、熊野大社、伊勢神宮、芦別岳、蔵王、岩木山、気比神宮、宗像大社の七つの神域で眠っている神を「熱誠の祈り」をもって揺り起こそうという。それによって、「日本を守る神力が強く示現し」、「国難を防ぎ止め、大逆転して全て吉と」なることも可能である。

緊急特別国防神業の皮切りとして、二月二五、六日、岩木山で「緊急特別国防神法悟得《しんぽうごとく》会《え》」が開かれたが、ちょうどその日、神様が「戦争を起こす国」と告げていた北朝鮮で、ナンバー2の実力者が死亡した。これによって北朝鮮では、戦争計画を大きく軌道修正せざるをえない状況が生まれたという。また、翌日にはアメリカ国防総省が「東アジア・太平洋安全保障戦略報告」を発表し、従来の米軍削減方針を転換して、東アジア地域の約一〇万人の米軍勢力を将来にわたって維持する旨を明らかにした。これは中国の軍事力を警戒したためとされているが、結果的に北朝鮮の開戦気分に水をさすことになったという。

これらは「私たちの祈りに応え、神様が様々な方向から、北朝鮮軍の封じ込めを行って下さっている」ことの証である。このように日本の国難が迫ると同時に、日本を守る神々の働きでそれが防ぎ止められていくことは、ともに「神様が世界を一つにしようとしている、ミロクの世をつくろうとしている、その過程で起こっているものである」という。

仏教系の教団の場合——顕正会

ワールドメイトも大本、世界救世教、真光の系譜に多くを負っている教団で、神道的なものを基盤としながら日本の優越性の主張や、それに基づく世界救済の使命を打ち出そうとしており、日本中心主義は鮮明である。一方、日本文化の優位の主張はそれほど強くないが、今後の世界の危機を救う動きは日本から起こるであろう、その意味で日本人には世界を救う使命と資格があると説く教団もある。阿含宗（第三章参照）や幸福の科学（第五章、第八章参照）にそうした言説が見られるが、ここでは顕正会（日蓮正宗顕正会、妙信講から一九八二年に改称）の例をあげよう。(10)

浅井昭衛（一九三一〜　）を指導者とする顕正会は創価学会と同じく、日蓮正宗の講（信徒集団）の伝統から発展したもので、日蓮正宗の教義に含まれている国立戒壇論を掲げ、日蓮仏教による国家救済を強く主張する点に特徴がある。国立戒壇論とは天皇が勅宣を下し、日蓮宗の国家公認の僧侶授戒の場を確立し、それによって国家の宗教的統一を行い、国を救おうという主張である。創価学会はこの主張を掲げたことがあるが、長期にわたってそれを打ち出すことはしなかった。顕正会はそうした創価学会の姿勢を批判しながら、この点に焦点をしぼって布教を進めるのである。九七年に顕正会が全国紙の全面広告を用いて宣伝した書物の題名は「日蓮大聖人に帰依しなければ日本は必ず滅ぶ」というものである。近代的な世俗主義的ナショナリズムに近い立場をとってきた創価学会が教勢停滞に入った一九七〇年代以降、強烈な宗教的ナショナリズムを掲げる顕正会が急速に発展したことは、近代的な新宗教の時代からポストモダン的な新宗教の時代への推移を物語るものといってよいだろう。

幸福の科学の反世俗主義

新新宗教の宗教的ナショナリズムは必ずしも明確な反世俗主義的政治プログラムと結合するわけではないが、幸福の科学などの場合には、教育・政治・経済に宗教的価値観を含めていくべきだという主張、宗教批判報道への制限の要求とその考えに基づく裁判闘争、あるいは脳死による死の判定に対する批判などに、反世俗主義の色彩がはっきり見てとれる。

幸福の科学の反世俗主義的主張については第八章、第九章でも検討するが、ここでは学校教育の問題にしぼって紹介しよう(11)。幸福の科学の指導者(「主宰」)、大川隆法は「今の学校制度のなかにおいては、人間にとっていちばん大切なものが教えられていない」という。では、「人間にとっていちばん大切なもの」とは何か。第一に、「愛なき人生は不毛である」ということ、第二に、「人間は永遠の生命を生きている」ということ、第三に、「私たちが何のために今世に生命を受けているのか」ということである。この「三つの基軸を教育に持ち込んで欲しい」、「文部省には申し訳ありませんが、代わらせていただきたいというのが本心」だという。

第二の点についてさらに紹介しよう。「永遠の生命」について知ることは魂の転生輪廻を知ることであり、霊的世界の実在を信じることである。ところが、戦後の日本の学校教育では、神や霊について教えてはならないというタブーが厳として存在していた。その大きな理由は、日本の敗戦によって、内外に次のような姿勢が強まったからである。つまり、国内では「戦争はいやだというアレルギー」が働き、諸外国は日本の脅威の源泉である精神性を骨抜きにしようともくろんだ。「その結果が、一つは国の行事、国家的行事として、宗教活動をしてはならないという憲法になり、あるいはあらゆる宗教施設等の使用、これも公共施設は特定の宗教のために使わせてはいけないという考えに」なった。

これは積極的に宗教の自由を認めるという面もあったのだが、国家が認めないので隠れてこそこそやるという方向になってしまった。「人間として生まれて精神性なく生きているということは恥なのです。その恥という事実を、悲しい事実として認識できるだけの力が我々には必要です。いや、日本国民には必要であると私は思います」。このように反世俗主義の主張が明確に打ち出されているだけでなく、その中に、外国の意図に対抗して日本文化の価値を高めようとするナショナリズムの主張も何ほどか盛り込まれている。

新宗教の中の新しい傾向

真光やワールドメイトは神道の系列に位置づけうるが、阿含宗や幸福の科学やオウム真理教の場合には、神道的要素はあまり見られない。したがって、これらの教団の反世俗主義と宗教的ナショナリズムとの結合はやや薄い。さらに韓国生まれの新宗教である統一教会となると、神道的要素はまったくなく、宗教的ナショナリズムは目立たないが、性道徳の強化や反宗教報道批判などの主張をもつ新聞の刊行などに、明らかに反世俗主義が見てとれる。

七〇年代以前に発展した新宗教においても、宗教的ナショナリズムや反世俗主義につながる要素が見られないわけではなかった。しかし、それらは公然と主張されることは少なく、また自由主義・平和主義や人権のような近代的価値を志向する教団も少なくなかった。ところが、七〇年代以降、とりわけ八〇年代以降に発展している教団では、後者の要素は概して薄弱である。

〔四〕「霊性の時代」

霊性賞賛と霊性開発

宗教的ナショナリズムと反世俗主義の第三の形は、ナショナリズム的な霊性賞賛の言説（日本人論、日本文化論）や、それとしばしば結びつく大衆的な霊性開発運動である。日本文化の特徴を単純化した形で定式化し、その独自性をはなはだしく際だたせることが多い言説群を「日本人論」とか「日本文化論」と呼んでいる。この日本人論の中で、主として日本の宗教伝統、とりわけ神道を論じ、これに高い肯定的評価を与えるものが、八〇年代から九〇年代の前半にかけて著しく増大した。「自己主張的日本宗教論」とよぶべきものである。さらには、そうした日本的な宗教性（古神道、アニミズム）を現代社会において生かし、実践しようとする人々も増えている。(12)

オウム真理教事件以後、売れ行きの大きい書籍のレベルでは、このような言説や実践は目立たなくなり、ナショナリズムの主張は歴史認識や国旗国歌重視や戦死者の追悼行事などを焦点とした政治的方向へと矛先を向け変えた観がある。しかし、日本の霊性への期待は社会生活のさまざまな局面に根付いており、むしろ広く浸透してきている。九〇年代後半以降の政治的ナショナリズムの再高揚の背景には、八〇年代から九〇年代の前半にかけて培われた「日本の霊性」への誇りや期待の心情が潜んでいると言えるだろう。

もっとも「霊性の時代」への期待は日本に限られた現象ではない。教義や教団という枠組みをもつ伝統宗教や西洋起源の近代合理主義や主客二元論に基づく実証科学の限界を指摘し、それらにかわる新たな「霊性」を称揚し、個々人の霊性陶冶を導きつつ、霊性の時代の到来を唱える潮流は、先進国を中心に世界各地で勢いがいい。アメリカ合衆国では「ニューエイジ運動」、日本では「精神世界」などとよばれているこの潮流は、一つのグローバルな動向のさまざまな地域的現れと見てよいもので、私は「新霊性運動」あるいは「新霊性文化」とよぶのが適当であると考えている（第七章参照）。日本の場合、この新霊性運動（文化）の中に、ナショナリスティックな要素が混入するものが少なからず見られる（そうでないものが多数派ではあろうが）。近代合理主義を超え、従来の「宗教」を超えると主張する個人主義的な霊性の探求が、日本的宗教性の賞賛や日本的霊性の開発という形をとるわけである。

自己主張的日本宗教論

自己主張的日本宗教論が日本人論、日本文化論の歴史的推移の中でどのように位置づけられるかは第六章で詳しく見ることにしたい。ここでは二つほどの例をあげて、その概略を示しておきたい。まず、栗田勇『雪月花の心――Japanese Identity』（一九八七年）を取り上げよう。[13]この書物は日英対訳であり、帯カバーには「日本文化の粋を凝集！」、「国際ビジネスマンに必須の条件！　日本を語れない日本人は国際人として失格」とある。本書の企画・英訳は富士通の経営研修所によってなされているが、栗田はしばしば富士通の社員研修に講師として招かれ、「日本文化論」の講義を行ってきている。本書が想定している主たる読者対象は中堅ビジネスマンと見てよいだろう。

栗田によると、日本文化の特徴、とりわけ日本人の自然観を理解する鍵となる言葉が「雪月花」である。「春は花夏ほととぎす秋は月　冬雪さえてすずしかりけり」（道元）とか、「願わくは花のもとにて春死なむ　そのきさらぎの望月のころ」（西行）というように、「雪月花」はもっとも趣の深い自然の景物として好んで文学や絵画の素材とされるものである。しかし、それらは単に美しい自然というだけでなく、「その背景にある真実の世界を意味し、それに出会うことが、日本人の人生の目的であった」（同書、四四ページ）と論じられる。

この自然観においては、自然には神が宿り、真理が潜み、一つの調和と秩序があると感じとられている。自然は人間がそれと対立したり、征服したりする対象としてではなく、愛情をもって寄り添い、ひいてはその法則に参与して生きていくべきものとされる。このような感じ方は、古代的な感受性に基づくものであり、歴史的に形成されてきた神道以前の「古神道」の伝統を引くものである。日本文化の異常性として論じられることの多い、会社への忠誠心や共同体への帰属意識も、自然と人間との関係に対する伝統的な意識と不可分のものと理解すべきものである。このように古代的なものが現代的な文化や最先端のテクノロジーと融合・並存しているところに、日本文化の理解の難しさがあるという。

次に、菅田正昭の『古神道は甦る』(一九八八年)を取り上げよう。[14] 菅田によれば、外来文化の影響を受ける以前の日本固有の宗教、すなわち「古神道」は、自然すべてに霊の存在を認めようとする、多神教としても極端なものであり、むしろアニミズムに近いものである。このような宗教こそすべての宗教の源泉にあったものであり、その意味で神道こそ万教同根の根にあたるものだという。また、自然に遍在する神々のすべてと一体化することと、ひいては宇宙意識と一体化することが「神ながら」であり、古神道はそのための行法を備えているともいう。あまり注目されることのない古神道の「行法」の意義を強調する点に、菅田の日本宗教論の特徴があり、この点で、菅田の立場は新霊性運動に共鳴して実践的に霊性開発を目指す人々の立場に近い。

菅田はさらに、日本宗教史の中での神道の変容にも言及する。外来文化の流入とともに古神道は衰退し、神々は鬼や魔物のような存在におとしめられていく。むしろ、古神道的なものは鎌倉仏教の中に形をかえて出現していた。近代においては、主に教派神道の中に古神道が継承されてきたのであり、国家神道は古神道とは異なるものである。そして、自然を征服の対象と見る西洋的な自然観の限界が痛感される現代こそ、古神道復興の時代だという。また、とりわけ全共闘世代（ベビーブーム世代）は古神道と霊統的につながっているという。実際には、全共闘世代以降の世代の人々の中に、菅田のように「古神道」の立場に立つという自覚の下で霊性開発の実践に携わる人が増大してきていると見た方がよいだろう。

生命倫理問題への反世俗主義的対応

自己主張的な日本宗教論や古神道を標榜する霊性開発運動にコミットする人々が、皆一様に明確な反世俗主義的政治性をもっているわけではない。しかし、エコロジー的な思考の必要性と日本的な宗教性の称揚を結合させ、近代合理主義やそれに結びついた自然観に激しい批判を投げかける論者の場合、合理主義に基づく社会制度そのものに異議をさしはさむところまで進むことがある。日本の宗教の源流と見なされるアニミズムを称揚しつつ、臓器移植のため、脳死による死の判定を容認することに疑問符を付す梅原猛などがその例

である。(15)

脳死による死の判定に対しては、霊魂信仰の立場から、一部の新宗教（大本教）や新新宗教（幸福の科学）の教団も反対している。この二つの立場は、世俗主義的な近代医学の制度が人々の生死を枠づけることを批判し、宗教や宗教文化に基づく生死観を尊重すべきだとする立場を共有している（なお、私自身も、つながりの中にある人の「いのち」を尊ぶ立場から、脳死判定による臓器移植の促進には疑問をもっている。さらに、脳死については、医師の権威濫用を危惧し、患者の人権を守るという立場、すなわち世俗主義と相即する近代的価値を主たる拠り所とする立場から、弁護士の団体である日弁連なども慎重な対応を要求していることを付け加えておきたい）。

［五］　まとめ

一九九〇年前後の反世俗主義と宗教的ナショナリズム

一九九〇年前後の日本においてひときわ目立ったのは、多用な形での宗教的ナショナリズムの高揚である。それらが公的領域に強い関わりをもつには、まだまだ時間がかかるであろう。したがって、八〇年代、九〇年代の日本に宗教的ナショナリズムによる明瞭な反世俗主義的潮流が観察されるというわけではない。しかし、さまざまな形での宗教的ナショナリズムの中に、反世俗主義へ向かう萌芽が見られたのも事実である。さらにまた、宗教的ナショナリズムをさほど伴わない反世俗主義を掲げる大衆的宗教運動も台頭してきていた。こんな状況の中でオウム真理教による地下鉄サリン事件（一九九五年）は起こったのである。その後、宗教集団（新新宗教など）にとっては世間の風当たりが強く、発展が容易でない情勢となった。しかし、神道的な儀礼や伝統の重視、新霊性運動や日本的宗教性・霊性への賞賛といった潮流はますます盛んである。

宗教的ナショナリズムが台頭してきた理由の一つは、近代に支配的であった価値理念が信用を失いつつあることである。これにかわる価値理念を求めてさまざまな模索が行われている。そうした模索の中には、伝統的な秩序やヒエラルヒーの代替物を求めようとするものとともに、ポストモダン的・エコロジー的な価値を志向するものがある。欧米ではこの二つの方向が対立しがちであるが、日本の場合、この両者が共通基盤を持ちうることが少なくない。それは広くは反西洋・反近代の志向であり、さらにしぼれば宗教的ナショナリズムである。それだけに宗教的ナショナリズムは大きく厚い支持層をもつ。

宗教的ナショナリズムの支持層が大きく厚いということは、そのすそ野が広く、多様であるということを意味する。エコロジー的な志向をもつ人々の場合は、ナショナリズム的な傾向とコスモポリタン的な傾向（国家や国民よりも個人や人類、あるいは地球や自然に価値を置こうとする傾向）とが複雑に絡み合っていて、類別することが困難な場合も少なくない。日本の反世俗主義の潮流は、七〇年代以来、このようなやや茫漠とした広がりをもつ宗教的ナショナリズムの背後に見え隠れしつつ、徐々に、しかし、確実に成長して二一世紀へと流れ込んでいったのである。

注

（1）イスラム、ユダヤ教、キリスト教における反世俗主義の動向については、ジル・ケペル『宗教の復讐』（晶文社、一九九二年、Gilles Kepel, *La revanche de dieu*, Edition du Seuil, 1991）、ホセ・カサノヴァ『近代世界の公共宗教』（玉川大学出版部、一九九七年、Jose Casanova, *Public Religions in the Modern World*, The University of Chicago Press, 1994）参照。

（2）この語の妥当性については、臼杵陽『原理主義』（岩波書店、一九九九年）参照。

（3）中野毅・飯田剛史・山中弘編『宗教とナショナリズム』（世界思想社、一九九七年）一四ページ。

（4）マーク・ユルゲンスマイヤー『ナショナリズムの世俗性と宗教性』（玉川大学出版部、一九九五年、Mark Juergensmeyer, *The New Cold War: Religious Nationalism the Secular*

State, University of California Press, 1993）参照。

（5）「国家神道」の語義は定まっていないが、私はこの語を神道の伝統を引き継いで国家や天皇の聖化を行った近代の儀礼秩序・実践体系・イデオロギーを広く指す語として用いたい。島薗進「国家神道と近代日本の宗教構造」（『宗教研究』三二九号、二〇〇一年）。

（6）ベネディクト・アンダーソン『想像の共同体——ナショナリズムの起源と流行』（リブロポート、一九八七年、Benedict Anderson, *Imagined Communities : Reflections on the Origin and Spread of Nationalism*, Verso, 1983）。

（7）安蘇谷正彦『天皇の祭りと政教分離』（展転社、一九九三年）、江藤淳・小堀桂一郎編『靖国論集——日本の鎮魂の伝統のために』（日本教文社、一九八六年）、大原康男・百地章・阪本是丸『国家と宗教の間——政教分離の思想と現実』（日本教文社、一九八九年）。

（8）関口栄『霊文明のあけぼの』（たま出版、一九八〇年）、同『魂の大革命　メシア・パワー——「火の洗礼」を乗り越えよ』（徳間書店、一九八四年）、同『世紀末　神のシナリオ——奇跡の〈手かざし〉がわれわれを破局から救う』（現代書林、一九九一年）、クネヒト・ペトロ、畑中幸子編『伝統をはぐくむ新宗教——真光』（南山大学『アカデミア』人文・社会科学編、五七号、一九九三年）、中林伸浩「新宗教の日本イメージ」（青木保・梶原景昭編『情報社会の文化1　情報化とアジア・イメージ』東京大学出版会、一九九九年）。

（9）『ワールドメイトスーニュ』八一号（一九九五年三月）。「スーニュ」は、ギャグ好きを自認する教祖、深見東州が「ニュース」をもじった表現である。

(10) 西山茂「一少数派講中の分派過程——日蓮正宗妙信講の事例」(宗教社会学研究会編『現代宗教への視角』雄山閣出版、一九七八年)、別冊宝島編集部編『「カルト」の正体』(宝島社文庫、二〇〇〇年。初刊は『別冊宝島461号「救い」の正体』宝島社、一九九九年)、早坂鳳城「顕正会の概要——教義と沿革」(日蓮宗現代宗教研究所『現代宗教研究』三四号、二〇〇〇年三月)。

(11) 主に、大川隆法『ユートピア価値革命——新時代の展望』(土屋書店、一九八九年)による。

(12) 島薗進『精神世界のゆくえ——現代世界と新霊性運動』(東京堂出版、一九九六年)、とくに、第一一章、一三章。

(13) 栗田勇『雪月花の心——Japanese Identity』(企画・英訳 富士通経営研修所、一九八七年)。なお、富士通の社員研修については、次の博士論文がある。Ernest Gundling, "Company and Culture in Japan : A Case Study", Ph.D Dissertation, The Univerisity of Chicago, 1994" また、日本社会のコンテクストの中で、ここに見られるような日本文化論的言説を理解しようとした労作に、吉野耕作『文化ナショナリズムの社会学——現代日本のアイデンティティの行方』(名古屋大学出版会、一九九七年)がある。

(14) 菅田正昭『古神道は甦る——The Old Shinto』(たま出版、一九八八年。再刊、橘出版、一九九四年)。

(15) 梅原猛『脳死は、死でない。』(思文閣出版、一九九二年)、島薗進『精神世界のゆくえ』、前掲注(12)第一一章参照。

第五章　新新宗教のナショナリズム

近代日本のナショナリズムの中で

この章では、新新宗教のナショナリズムの中に見られる新しい傾向を見定めることを目標とする。だが、それに先だって、新宗教のナショナリズムの歴史を概観して、それとの対比で新新宗教のナショナリズムの特徴をとらえたい(1)。

初期の習合神道系の新宗教は、日本の国土と不可分に結びついた神を最高神とすることによってナショナリズムに通じる性格を帯びていた。しかし、それは近代国家と結びついたものではない。明治維新以後、欧米の近代国家に学びながら、天皇中心の国民国家形成が進められると宗教的世界観の枠組みも変化してくる。国体論的な教義や国家神道の儀礼秩序が近代日本の正統的ナショナリズムとして確立してくる。やがて国体論的ナショナリズムは攻撃的自己主張的な性格を帯び、侵略主義や軍国主義と結びつくようになる。当初の神道系の新宗教のナショナリズムはこの正統的ナショナリズムとは別個の民俗宗教的

（習合宗教的）な源泉をもつものであり、それとの間に緊張関係をもつものだった。しかし、教育勅語の発布から国家神道の確立に至る時期以後、新宗教は次第に正統ナショナリズムの支配下に組み込まれていき、それと合体し、攻撃的自己主張的なトーンを高めていく。そのような状況の下でいわゆる満州事変以後の十五年戦争期を迎える。

第二次世界大戦後の時期には、新宗教は再び国家からの自律性をとりもどそうとする態度を強めた。もちろんそこでもナショナリズムは大きな位置を占めている。また、天皇崇敬も有力である。しかし、戦後の新宗教のナショナリズムは攻撃的自己主張的な性格をもつものは少ない。国際社会の中で、独自の貢献をすべく日本の伝統にのっとった平和を掲げる場合でも、その主張は控え目であり、日本の国や文化の優位を他に対して誇るような性格をもつ例は多くなかった。戦前戦中に攻撃的な主張をもった教団は、そうした主張を背後に退かせるような姿勢をとった。

ところが、一九七〇年代以降に発展してくる新新宗教の中には、そうした攻撃的自己主張的なナショナリズムを表に掲げているものが見られる。経済復興を果たし、経済力を背景に国際社会で高い地位を得たという誇りがそこに反映している。以上のような展望の下に、新宗教のナショナリズムの流れを追い、新新宗教に現れたナショナリズムの特徴を問うことにしよう。

［一］　神道系新宗教のナショナリズム——戦前から戦後へ

天理教の神話的世界

明治維新以後、一九六〇年代に至るまでの新宗教とナショナリズムの関係を論じるにはたくさんの事例について述べなくてはいけない。この章では、限られたスペースの中で駆け足でたどるため、修養団捧誠会という教団を例にとる。この教団は一九四一年、出居清太郎（一八九九〜一九八三）によって創設された神道系の教団だが、出居清太郎は一九二〇年代、天理教の分派であるほんみち（当時、天理研究会、後、天理本道）に所属していたことがあり、天理教やほんみちの信仰をベースとしながら、一九三〇年代に独自の宗教的世界を形づくっていった人物である。(2) そこで、出居清太郎について述べる前に、まず、天理教やほんみちとナショナリズムの関わりについてごくあらましを述べておこう。

天理教は中山みきが神から得た神話的啓示に基づき、独自の人間創生神話をもつ。『古記《こふき》』とよばれるその物語は、月日《つきひ》親神による人間の産出的な創造について語っているが、その月日親神とそのさまざまな機能にあてられた神名は記紀神話と重なるものが多い。十柱の神とよばれるその神名は、〈くにとこたちのみこと、おもたりのみこと、くにさづちのみこと、つきよみのみこと、くもよみのみこと、かしこねのみこと、たいしょくてんのみこと、をふとのべのみこと、いざなぎのみこと、いざなみのみこと〉である。つまりは近代日本の正統ナショナリズム教義である国家神道の基礎となる記紀神話と類似したところをもつ、異端の神話を掲げていたのである。

そこには天皇は登場しないし、国体思想にあたるものも見られない。攻撃的自己主張的なナショナリズムは「から」の支配から「にほん」の支配への転換を訴えるところに見られるが、それは具体的な政治的プログラムにつながるようなものではなく、ごく漠然としたものだった。とはいえ、そこに異なる神話に基づく異なる国民的共同体のビジョンがあった。天理教がなかなか独立教派として公認されなかった理由の一端は、この教義の異端性にあった。

一九〇八年、独立教派としての公認を得るに至る過程で、天理教は天皇崇敬の思想を取り入れた「天理教教典」を掲げることになった。その「第二　尊皇章」は次のように書かれている。(3)

神は万有を主宰し　皇上は国土を統治す　国土は神の経営し給ふ所　皇上は即ち神裔にして　皇上の此の土に君臨し給ふや実に天神の命に依り其の生成せる蒼生を愛育

し給ふにあり　世界の広き古今国を建つるもの無数にして其の帝たり主たるもの亦多しと雖も我が　皇室の如く神統を継承し天祐を保有し国土綏撫の天職を帯び給へるもの何処にかある　即ち知る我が　皇室は君主中の真君主にして宝祚の天壌と共に無窮なる所以を　故に須く我が　皇上は天定の君主なるを確信し造化生育の恩を神に謝すると同一の至情を以て誠忠を　皇室に尽さざるべからず

いうまでもなく国体論そのものであり、天理教の本来の教義にはまったく含まれていない内容である。このように天理教の教団は、国体論的な正統ナショナリズムを取り込み、国家に受け入れられることでようやく存続することができたのだった。天理教のナショナリズムが国家主義的な性格を帯び、外国に対して自らの優位を誇るような攻撃的な性格を帯びるのは、このような国体神話の取り込みを通じてだった。

ほんみちと出居清太郎

しかし、天理教の信仰者の信仰世界では、なお本来の天理教教義の方が優勢であり、そのような信仰世界を基盤として、一九一〇年代に、新たに天皇制に対抗的な神話を掲げる運動が登場するようになる。ほんみちはそのような運動だった。大西愛治郎（一八八一～

一九五八）は自らが天理教の啓示文書が預言する救世主（「人《にん》の甘露《かんろ》台《だい》」）にすぎないという信念をもち、天理教内にそのことを訴えて最高指導者たらんとした。もちろん天理教からは異端として排除され、信徒を奪い、天理教の社会的信用を傷つける教団として警戒されたが、それでも一九二〇年代の短い期間にかなりの規模に発展した。

その過程でほんみちは、日本の国家は今の天皇によっては治めることができない、それは天皇に統治者としての資格が欠けているからだと主張した。天皇の支配の正統性をまっこうから否定したのである。これは大西愛治郎自身が天理教の聖典が示す未来の理想世界の体現者であり、世界の指導者となるべき存在だとするものである。大西自身を国体論的ナショナリズムが描きだすようなあるべき天皇と等しい性格をもつ存在であり、世界を救済する国家指導者の地位に置こうとするものだった。正統ナショナリズムを否定しながら、それにかわる日本中心の神話を掲げ、攻撃的自己主張的ナショナリズムを増幅しようとしたと言えるだろう。

青年、出居清太郎はこのほんみちの教えに共鳴し、一九二八年、「研究資料」という文書を政府要人等に配布する行動（「打出し」）に加わり、警察にとらえられた。以後、出居清太郎は次第にほんみちを離れていく。その後も警察の取り締まりを受けるが、一九三〇年代の後半には、ついに実際の天皇の支配の正当性を受け入れる立場に転換する。教えや信仰生活の内容も天理教色を脱し、独自の信仰世界が組み立てられていく。その時期に有力者の信徒も増大し、一九四一年には独立した精神修養団体として修養団捧誠会が公認を得ることができた。国体論的ナショナリズムを受け入れ、その下で個人の精神修養を担う団体という位置づけを与えられて、発足したのである。

ただし、戦争中の修養団捧誠会は、戦争に対して全面的に協力し、敵愾心をあおるような行動をとることはなく、むしろ一人一人の日々の心の平安を守るように説くという姿勢を貫いた。その時期に清太郎が神から得た啓示に基づき定められた「誓《いのり》の詞《ことば》」も全体主義や好戦的な性格を宿すものではないが、この時期の修養団捧誠会が国体論的ナショナリズムを受け入れたことを確かに示すものである。冒頭部分を引くと次のとおりである。

かけまくもかしこき　すめみおやのみまへにつつしみおろがみまうさく　とよあしはらのみづほのくにはあまつしるしのてりにてるかむながらのくに　ことたまのさきはふくにとかしこみてみたみわれいけるしるしあり……

しかし、信仰実践の核心に関わるのは次の部分である。

……こころのとびらをおしひらき　いささかもふへいをおもはずふまんをいはず　おやこはらからふからやからもろびとたちにいたるまで　おのれをむなしくしてあらそふことなくしたしみかはし　とくをひとつにこころをむすびつかずはなれずことたまのまにまにみをしへをまもりつつ　けふよりはじめてまことのみちをふみおこなひまことのわざをよろこびはげみ……

戦後の修養団捧誠会

第二次世界大戦後、出居清太郎はこの誓の詞を撤回することをしなかった。占領軍に対して、日本の文化や信仰の立場を譲るべきではないという考えを保った。一九四六年一月より、教団の集会で日の丸を掲げ、君が代を歌ってから、このことをずっと貫いた。日本国民としての誇りを失わないことを強く訴え、天皇への崇敬も維持しようとした。

一九四五年の八月一八日に草されたと思われる「捧誠会会員諸君の今後生きる道」には、信仰に根ざした国民的誇りの持続というトーンが色濃くにじみ出ている。が、それを「世界平和」の主題へと転換する。正統的な国体論的ナショナリズムが軍国主義と結びついていたのに対し、修養団捧誠会の場合は天理教の伝統に由来する「他者を害さない」という信仰的土台が堅固であっただけに、その平和主義的ナショナリズムへの転換はなめらかなものであったことが知れる。

かしこくも皇祖皇霊の神霊を尊び、皇国護持を守り信じて、辛苦かん難を続け、皇国の礎となりました英霊に感謝の誠を捧げ、神国日本人としての人格を尊重してみだりに人道を誤らず、いかに人種が違えど私利私欲のために争うことなく、捧誠感謝の心をもって迎え、相助け、相和して各自の徳を広く与えて、物心両方面ともに救いあげてゆくべきことを忘れてはなりません。（『出居清太郎訓話集』第三巻、六八ページ）[4]

そして、八月二〇日に草されたと思われる「世界平和」という文章には、すでに日本人の使命を世界平和の建設に見ようとする平和主義的ナショナリズムの原型が見られる。

世界人類の平和を希望することは、人として望むべき事であります。

誰が言うたか「四海同胞」という言葉があり、全世界の人類は兄弟姉妹であり、これらの人が相信じ、相和して助けられつつ生活していくべきであるのに、この世開闢以来今日まで、大小にかかわらず戦争は絶えず、その時その時代に始まって苦しまねばならないことは何のためでありましょうか。平和を希望し、円満なる国家を組織して明朗和楽なる人生を通らなければならないのに、お互いに武器を持って戦うことは、双方共に大罪人ではありませんでしょうか。（中略）

大東亜戦争も東洋平和のためであり、大東亜建設を目的として始めたのでありますが、はからずもここにおいて降伏をしなければならないことは、世界人類の平和のためであり、東洋平和よりもなお大きな問題であります。世界の平和、平和世界の建設となれば、ここにおいてなお一層重大なる問題と責任がなければなりません。

（同前、七一～七二ページ）

このような修養団捧誠会の平和主義的ナショナリズムのあり方は、戦後の新宗教のナショナリズムの特徴を典型的に示している。そこでは日本がすぐれた文化をもち、世界平和に貢献していくべきことが主張されている。しかし、それは戦前の攻撃的な対外政策への反省とセットになっている。出居清太郎は戦前、軍国主義に対して疑問をもっていた理由を、一九六〇年代に次のように語っている。

人の世の法においても、人の物を奪えば罪に問われる。まして他国の人民が住みついている領土を、脅かして我がもの顔に横取りすることが許されよう筈がない。しかるに、世界の現実は、他国侵犯だけが誰にもとがめられず、堂々とまかり通っている。その行為の援助をするのが軍隊だとあってみれば、世界の国々は大量の強盗を養成しているようなことにはならないのか。国家の行動をしばる法がないとすれば、誰がその国を罰するのか。それは、神だ。神より外に、これを行ない得るものはない。

（『敬霊気』第一巻、六七ページ）(5)

日本の台湾や韓国の植民地化ももちろんこの大罪に値する。原爆などの日本の戦災は、神の罰にあたるものと理解されている。このように十五年戦争の誤りへの反省を重視しつつ、なおかつ国体論的なナショナリズムの性格を引きずる立場が、戦後は特殊なものではなかった。天皇への崇敬を正しいことと考えるが、天皇が世界を指導するべき存在だとか、日本の天皇崇敬が世界の中で特別にすぐれたものだという思想はない。攻撃的な自己主張とはなっていないのである。

天皇崇敬を掲げて日本の精神的な優位を誇り、それをもって国際的な競争や闘争に勝ち、世界の盟主となるといった考えは、一九二〇年代以降の急進化する正統の国体論的ナショナリズムの核心にあり、同時代の宗教運動にも分けもたれることが多かった。しかし、戦後はそのような自己主張的攻撃的な神道ナショナリズムは後退した。戦争中から敵愾心をきらった修養団捧誠会のような教団にとっては、戦後の平和主義的ナショナリズムこそ居心地のよいものだった。天皇崇敬を維持し、日本の神信仰や平和愛好の伝統をすぐれたものと信じるとしても、日本の優位を外国に誇示するといった意図は見せようとしなかった。控え目で穏健なナショナリズムが優勢な時代が三〇年間ほど続いたといってよいだろう。

〔二〕 ワールドメイトの場合

「世界のひな型」日本

一九九三年五月一五日、深見東州(一九五一～、当時は深見青山と称した)を師と仰ぐ神道系の新新宗教、ワールドメイト(当時は、「コスモメイト」という名称だった)の一団は、十和田湖畔で「十和田神仙バプテスマ十字修法」を行った。四月に配布されたその案内パンフレットには、「限定三〇〇人程度のマンツーマンなので、八万五千円以上」の献金が必要だとある。だが、この章の文脈で重要なのは、このパンフレットに記されたこの修法の意義づけである。[6]

今回の修法は、先生が天眼でご覧になった、古代ユダヤ霊法。原始キリスト教の流れをひくコプト派や景教などに一部伝わっていた、古代ユダヤ教の秘儀が元になっています。参加者一人一人の指先・頭頂・足先の三カ所に、深見先生が十和田湖の水をかけて洗礼を行ない、「永遠の生命」を意味する特別な神気を宿す……という、十和田でなければ行なえない、神秘の修法です。

深見はどのようにしてこの秘儀を知るようになったのか。じつは、かつてユダヤ教から流れ、ユダヤ教とキリスト教を日本に伝えた人々がおり、彼らが住みついたのが十和田湖周辺だったという。彼らによって古代ユダヤ教の「神人一体の秘儀」が日本にもたらされ、神霊によって深見に伝えられた。この経緯は、太古から「世界のひな型」の役割を担っていた日本に、キリスト教・ユダヤ教のエッセンスをもたらすため、神がつくったシナリオによるものだとされる。

なぜ、「神道」を標榜するワールドメイトで、ユダヤ教・キリスト教の洗礼を行うのか。神道および日本は、世界中の精神的価値を取り込み、発展していく性質をもっているからである。そのひとつの証拠をあげれば、仏教や儒教の聖典が現在もっともさかんに出版されている国は、インドでも中国でもなく日本である。

これらは、教義のない宗教「神道」というベースがなければ考えられないことです。神ながらの国・日本には、最高次元の神界が降りているがゆえに、世界中から寄せられる全ての良きエッセンスを取り込んで融合させ、また個別に残していくことが出来るのです。

今回の修法は、十和田にヨーロッパ神界を「降ろし」て、十和田のアンドロメダ神界を「完全に開」くとともに、ヨーロッパ神界には「縦長の日本の御魂」とは異質の「横の広がり」の要素があり、それを取り入れれば、対人関係や人前での度胸や押しの強さ、太い腹といったものを身につけることができる、という。

日本の優秀性

さらに九二年、深見らがイスラエルに旅行し、シナイ山の神である国常立《くにとこたちの》大神《おおかみ》を伊勢神宮に勧請（九三年にはワールドメイトの本社である伊豆の皇大神社に勧請）したのだが、今度はそれが顕現しはじめることになる。国常立大神は「国をとこしえに立てていく」という神名が示すように、政治を立て替え立て直す厳しい神である。そこで、今後の日本では政治の世界で大きな変革・業績が期待できるという（この「予言」は当時、政治課題として大きな話題であった「政治改革」や「政界再編成」を指しているのかもしれない)。
日本は経済の面ではその優秀さを世界に実証してきた。深見自身が師と仰ぐ橘カオルと深見が共同で「神業」を始めたのは、オイルショック後の一九七七年である。そのとき、橘は「今はエコノミック・アニマルだと言われているけど、これからは、日本が実に世界一すぐれた国であるということが、経済の立て直しによって立証される」、それは白山神社の祭神である菊理姫様の仕組《しぐみ》によるものだと説いた。その後の事態はまさに橘が説いたとおりに推移してきた。日本の特許出願件数は世界一。日本が物真似といわれる時代は終わり、独創性においても世界一としての頭角を現しつつある。このあたりはバブル時代の優越感を引きずる発言だ。

こうして、日本の神ながらの精神が本当に優れているのだということが、経済の分野に残される足跡で実証されつつあります。神ながらの精神は、理屈や観念のない感性の世界。しかし、それでは諸外国の人々にはそのすばらしさが理解できません。こうやって一つ一つ実証していくことで、初めて世界中の人々を感嘆させる説得力を持ち得るのです。事実、経済で成功したからこそ、日本語を学ぶ外国人も増え、日本文化も徐々に世界に広がりつつある……。

これからは経済力だけでなく、政治と文化の世界で、世界中が神ながらの精神のすばらしさを認める日がくるだろう。まず政治の立て替え立て直しが急速に起こるだろう。そのために一時、政治が混乱し、黒白がはっきりする。ワールドメイト内部の混乱（九三年初頭の幹部らの脱退騒動）も、立て直しに際しての必然的な混乱にすぎないという。

しかし、素晴らしい神様がお出ましになる時には、同じだけ悪質な魔物もまた邪魔をするもの。逆に言えば、コスモメイトがこれだけ邪魔されるのも、この先の神業の弥栄えを保証するような出来事だと言えるでしょう。日本の国も同じです。どれほど叩かれても、そこからまた一回りも二回りも大きく甦る力があるのです。大国主命のような脱皮力と神ながらの精神に、いずれは世界中の国々が尊敬の眼差しを向けるようになる神仕組です。その時にこそ、愛と融和に満ち満ちた神ながらの精神で、世界中がお互いに認めあい、讃えあう弥勒の世が到来するでしょう。／これが、「二一世紀、日本は世界の王となる」という出口王仁三郎の予言の真実です。今は、その土台作りの時であり、弥勒の世のステップ台を固めている時期なのです（「／」は原文改行箇所を示す）。

新しい神道的ナショナリズム

長々と引用・要約してきたのは、ここに一九九〇年代前半当時の日本の自己主張的・対外攻勢的な神道ナショナリズムのさまざまな要素が、印象的かつ集約的に表現されていると思うからである。戦前の国体論的ナショナリズムの中にあった、自らの優越を訴える自己主張的なナショナリズムのパターンがくり返されているのが見てとれる。

創始者の深見東州は世界救世教の信仰をもつ母に宗教心を育てられ、青年期には自ら大本教に学ぶ一方、同志社大学在学中は英会話のサークルのリーダーも務めた。彼が指導を受け、ワールドメイトの顧問格の指導者の位置にある橘カオルの方は、世界救世教系の真光系教団に関わっていたことがある。一九一〇年代から三〇年代にかけて爆発的な発展を遂げた大本系の教団が、その当時もっていたナショナリスティックな思想の枠組みを引き継いで形成されたのは確かである。

ところが、ナショナリズムを控え目なものに転換させた敗戦と戦後の体制に対する姿勢が、「旧」新宗教の教団とワールドメイトでは異なる。大本系の「旧」新宗教諸教団は戦争への「反省」と平和主義の強い影響下で再発足の数十年を経験してきたが、ワールドメイトを率いる深見東州はそうした「戦後的なもの」に対して批判的である。一九七〇年代に高等教育を受けた深見は、戦後民主主義への批判を十分に吸い込んでその思想形成を行った。そこから、ナショナリズムのあり方にも、戦後に発展した新宗教とは異なる要素が組み込まれることになる。むしろ先祖返りして戦前のナショナリズムと類似した特徴が露わになっているようにも見えるのである。目立つ二点について要約しておこう。

（1）日本中心的な危機克服のシナリオについて――日本精神の優秀性、日本の発展に対する外部からの攻撃、闘争と混乱、日本精神の勝利によるその克服、その結果としての世界の融和統一、したがって日本には偉大な使命が与えられているという自覚など。この筋書きのパターンは戦前と同じだが、それぞれの局面の題材には違いがある――経済的な優位についての強い自信、経済から政治や文化の優位へという目標、文化についても優位意識が濃厚に見られること、政治力の低さという点での弱さの自覚など。闘争と混乱は軍事的なものとしてよりも、経済・政治・文化に関わるものと考えられている。

（2）日本人の精神的支柱は神道であり、それは最高の宗教的価値をもつという主張について――「日本神界こそがあらゆる神界の宗たる神界」であり、「宇宙にある一番深い神界からのパイプが日本に下りている」。また、その価値は天皇に代表されるという観念もある。「天皇」という文字は、霊的には「天に対して純白である王」という意味である。つまり、天皇とは「私心、私欲がなく純粋であり、天からくるあらゆる功徳の色柄を、そのまま浮き立たせて国民に反映させ、自らは、全ての民が天に向ける色々な光を総合させる究極の一人である、というお立場にあらせられる」(『奇跡の開運』[7]二四一〜二五〇ページ)。

しかし、偏狭な日本絶対主義を好まず、日本精神の優秀性を包容性という点に見出すという点が特徴的である。国学や国家神道の路線よりも大本の路線に近いし、その側面はもっと強調されている。儀礼にもマントラ(真言)を唱えるなど密教的、神仏習合的側面が顕著である。また、深見は英語が得意でキリスト教や欧米の事情によく通じているし、仏教や儒教についても知識が豊かで、また中国の禅家の語録から巧みに引用するなどの技も身につけている。加えて、後述するように、日本人論の影響が濃厚に見られる。日本人論をもっぱら日本文化や神道の優秀性・優越性という側面から受容している。

[三] 新新宗教のナショナリズムの特徴

非神道系新宗教のナショナリズム

ワールドメイトは新新宗教の中で、神道ナショナリズムを代表する教団である。神社界や神道学界とも密接な連携をとっており、一九九四年、神道国際学会を立ち上げてもいる。この学会は二〇〇一年現在、神社本庁教学顧問である中西旭が会長を務める。世界各地の日本宗教研究者によびかけ、海外・国内でシンポジウムを行ってきているが、その都度、深見東州が登壇するのを常とする。他にも神道ナショナリズムを奥に秘めている新新宗教教団に真光があり[8]、神道界と密接な連携をもつ新新宗教教団には大和之宮があるが、これらは一般的な傾向を代表するものではない。たとえば、真如苑やオウム真理教や幸福の科学は神道系とは言えない。むしろ仏教に親近感をもつ教団が多いかもしれない。エホバの証人や統一教会のような外来の新宗教も時期的に新新宗教としてよいが、これらは日本の文化や宗教に積極的な位置づけをすることはない。

しかし、日本優越意識や日本中心的思考は神道系ではない教団にも見られることが少なくない。オウム真理教はむしろ自己を仏教の系譜上のものとして位置づける傾向が強かったし、天皇への崇敬心を示すことはまったくなかった。だが、そのオウム真理教があおった「ハルマゲドン＝最終戦争」は、「日米対決」として描かれることもあった。日本の壊滅の危機が説かれるとともに、日本主導による未来が描きだされることもあって、首尾一貫していないが、次のようなことが説かれたのは事実である。

文明の発展にはこの非双曲線磁場が、どれくらい強いかということが一つのポイントになるんではないかとわたしは考えている。この磁場が完全に日本を真中心にするのは、これから四十三年後である。そしてこの日本を中心としてアジア大陸等に大きな影響を与えることになることとなっている。

つまり、これから未来は日本を中心として、新しい文明の発展発達が約束されているとわたしは考えているのである。(九二年十二月二十五日　於・松本支部)

そして、この日本の果たさなければならない役割というものは、非常に大きい、ではなぜ大きいんだと。それは先程述べた、人間が完全に金星の法によって、欲望のケダモノと化し、そして三悪趣へ落ちる。その魂に対してストップをかけ、そして高い世界へ至らせる――つまり、太陽の法に従わせるために、この日本は存在しているからである。(九三年三月二十七日　於・京都支部)

(『日出づる国、災い近し』[9] 三四二～三四三ページ)

幸福の科学の大川隆法(一九五六～　)は神道の民族神を中心とした民族宗教の役割は終わったと見なしている。日本の民族神は西洋や他の地域の神々に敗れた。しかし、いまや、日本から生まれた新しい宗教が世界の宗教を統一するときが来たという。「そうです、世界は新たにひとつになるということなんですね。この日本から流れ出した教えによって、宗教対立を超え、政治の対立を終え、ひとつになる、ということなんです」。「いったん日本的論理は彼らの前に屈辱を喫したわけでありますが、今、第二弾として、日本的論理がもう一度世界を制覇する時代が来て」いる（『アラーの大警告』一六〇〜一六九ページ）。[10]

高まる世界の危機の中で予言どおりソ連は没落し、次いでアメリカ合衆国が、さらにはヨーロッパが没落するであろう。「人類五十四億の運命が今、／日本人の手に委ねられているのである」という（『幸福の科学』一九九二年二月号）。幸福の科学の場合は国体論的ナショナリズムや神道ナショナリズムではないが、日本精神ナショナリズム、日本教ナショナリズムの範疇には入れてよいだろう。

自己主張的な日本意識

このような新新宗教の宗教的ナショナリズムの背後には、一方で経済的優位に育てられた民族的優位意識があり、他方で国際化グローバル化の中での厳しい対外関係についての認識がある。強固な宗教的・文化的アイデンティティに基づき、明確な思想・態度を打ち出していかなければならないという自覚がある。ここに見られる強烈な敵対意識と孤立感には、帝国主義列強と対峙しつつ植民地争奪戦による窮境突破を目指していた二〇世紀前半の日本の意識構造を思わせるものがある。八〇年代後半から九〇年代前半にかけては、冷戦構造が解体した上に、長引くアメリカとの経済摩擦や湾岸戦争の影響が加わり、こうした敵対意識と孤立感が著しく助長された。さらにその背後を探れば、七〇年代以降、近代や進歩の理想が崩壊し、普遍主義的な規範が威信を失ってきたことにより、民族的・宗教的アイデンティティが強化され、ファンダメンタリズムや宗教的ナショナリズムが興隆してきたという、より長期の世界的な精神状況がある。

深見東州や大川隆法は有名大学を卒業し、書物の読解や咀嚼にきわめて有能な、また分節化された文字・メディア世界になじんだ同世代人を説得することを目指す宗教指導者である。彼らはテレビなどにも登場し、マスメディアを強く意識した昨今の言論界から濃厚な影響を受けている。日本人の政治的自立の訴えとか、戦後民主主義への批判などは、七〇年代後半から八〇年代にかけて目立つようになった言論界の潮流を映し出すものと見ることができる。また、神道や日本精神についての発言は、八〇年代に入って目立ってきた自己主張的な宗教的日本人論（日本教論）から多大な影響を受けていると思われる。詳しくは次章に譲るが、ここではそこで取り上げない例を一つだけあげて、新新宗教のナショナリズムとの連関を示唆しておきたい。

英語学者で評論家でもある渡部昇一（一九三〇～二〇一七）の『かくて歴史は始まる――逆説の国・日本の文明が地球を包む』[11]という書物である。渡部は大川隆法がその人との対談で、「御著書は、ほとんど読んでいる」「ご著書の影響が大きかったことだけは間違いがな」いと述べて、深い敬意を表明している人物である。[12]この書物の第七章は「〝世界の師〟としての日本――わが国が後世にまで伝えるべきメッセージとは」と題されている。そこで渡部は「日本の世紀」が今後数世紀にわたって続くと述べ、もし別の文明にバトンを渡すとしても、〝世界の師〟として後世にさまざまな贈り物を残すことができるという。白人優越主義を打破し人種差別を事実をもって否定したことはその一つで、戦前の日本の再評価もこの観点からなされるだろうという。

宗教から見た日本文化の優越性

さらに「日本的精神」に話を移し、「日本が将来、世界に誇りをもって伝えられるメッセージ」として、「三つの日本文化の精神」をあげている（三〇〇～三二六ページ）。第一は、「日本人がもっている自然観、あるいは自然との共存の知恵」である。世界史の中で文明を発達させても森林をなくさなかったのは日本だけであるが、「それは、日本人の自然感覚の原点が、神社からスタートしているため」である。「山があり、森があるようなところには、かならず神社があるというのが、日本古来の風景であった」「この状態が二〇〇〇年の長きにわたって、一度も絶えることなく続いた結果、森を見ればそこに神聖さを感ずるという「第二の天性」とも呼ぶべきものが、日本人の心の中に定着した」。

日本が将来、世界に誇るべきメッセージとして残すべき日本文化の第二の精神は、「日本人の相対化された宗教観」であると渡部は続ける。「わが仏、尊し」という諺に表現されているように、日本人は自分の信じる対象だけを絶対視することに批判的である。自分の宗教に献身し、いかなる犠牲も厭わないというのは、その宗教にとってはりっぱなことだろうが、複数の宗教がそうした態度をとりあったら収拾がつかなくなる。宗教戦争は避けられなくなるだろう。日本では鎖国時代に小さな空間にともに住むという知恵を養い、相対化された宗教感覚を身につけた。地球が狭くなってきた今、この日本人の宗教感覚が世界に取り入れられる必要があるという。

後世に伝えるべき日本文化の精神の第三は、「日本人の労働観」である。ユダヤ教、キリスト教、イスラム教はエデンの園の神話を共有しているが、そこでは労働は罰であり苦痛である。仏教でも極楽のイメージは蓮の花の上に静座している姿である。後にプロテスタントは神の怒りを恐れてよく働いたが、このような敬虔な信仰は長く続くものではない。「これに反して、日本では、高天が原で神々が労働をしていたのである」。神々はごくふつうの人たちがするのと同じ労働をしていた。労働は神様もするものであり、労働が卑しいとか罰であるという発想はないのだという。日本の宗教的伝統と結びつけて日本文化の優越性を示そうとする試みで、自己主張的な日本教論とよんでいいだろう。

新新宗教の自己主張的・対外攻勢的な日本文化論や神道ナショナリズムは、明らかにこうした日本教論・神道論の影響を受け、無意識的ではあるにしろそれを理論的な後ろ盾として形成されてきた。これらの新新宗教教団のメンバーのリクルート源と日本教論・神道論の読者層もそれほど隔たってはいないだろう。両者の共通の基盤には、外向きの顔で啓蒙する知識人層への疑いがあり、孤立を感じながら危機に対処し、安定を取り戻そうと願う多くの人々の憂いがある。やがて九〇年後半になると、こうしたナショナリスティックな心情から、より政治的な問題に向き合おうとする主張が強まってくる。戦没者の慰霊の問題や歴史観の問題が、宗教的主張にかわって主要な論題の位置を占めるようになる。

注

（1）法華系（日蓮系）の新宗教のナショナリズムについては、島薗進『現代救済宗教論』（青弓社、一九九二年）の第五章であらましが論じられている。法華系新宗教と関わりが浅い日蓮主義運動のナショナリズムについては、大谷栄一『近代日本の日蓮主義運動』（法藏館、二〇〇一年）に周到な論述がある。天皇制と終末観（千年王国主義）的な宗教運動の関わりについては、安丸良夫『近代天皇像の形成』（岩波書店、一九九二年）、対馬路人「新宗教における天皇観と世直し観――神政龍神会の場合」（孝本貢編『論集日本仏教史9　大正・昭和時代』雄山閣出版、一九八八年）などがとくに重要な業績である。

（2）島薗進『時代のなかの新宗教——出居清太郎の世界 1899-1945』（弘文堂、一九九九年）は一九四五年までの修養団捧誠会の歴史を扱っている。この教団のナショナリズムについては、同「新宗教と敗戦・占領——修養団捧誠会の場合」（井門富二夫編『占領と日本宗教』未来社、一九九三年）にも詳細な記述がある。

（3）上村福太郎『潮の如く——天理教教会略史』上（天理教道友社、一九五九年）六九〜七〇ページ。

（4）出居茂編『出居清太郎訓話集』第三巻（宗教法人修養団捧誠会、一九八二年）。

（5）出居清太郎『敬霊気——わが道の六十年』第一巻（修養団捧誠会本部、一九六五年）。

（6）ワールドメイトのあらましについては、沼田健哉『宗教と科学のネオパラダイム——新新宗教を中心として』（創元社、一九九五年）、溝口敦「ワールドメイト」（清水雅人編『新宗教時代3』大蔵出版、一九九五年）に記されているものが便利である。

（7）深見青山『奇跡の開運』（学習研究社、一九九一年）。

（8）崇教真光、世界真光文明教団のナショナリズムについては、次の論考が有益である。中林伸浩「岡田光玉の言霊——語呂合わせと文字についての一考察」（『アカデミア人文社会編第五七号　伝統をくむ新宗教——真光』南山大学、一九九三年）、同「新宗教の日本イメージ」（青木保・梶原景昭編『情報社会の文化1　情報化とアジア・イメージ』東京大学出版会、一九九九年）。

(9) 麻原彰晃『日出づる国、災い近し――麻原彰晃、戦慄の予言』(オウム、一九九五年)。
(10) 大川隆法『アラーの大警告――中東危機への衝撃の予言』(幸福の科学出版、一九九一年)。
(11) 渡部昇一『かくて歴史は始まる――逆説の国・日本の文明が地球を包む』(クレスト社、一九九二年)。
(12) 大川隆法『フランクリー・スピーキング――世界新秩序の見取図を語る』(幸福の科学出版、一九九三年)。

第六章　日本人論と宗教

［一］　新新宗教と日本文化論

新新宗教のナショナリズムを理解するために

第四章、第五章で見てきたように、新新宗教の中には宗教的ナショナリズムとよべるような方向性をもつものが含まれており、それは一九八〇年代から九〇年代にかけての日本の文化動向と密接に関わり合うものである。新新宗教教団が日本人の宗教的使命を強調したり、日本の宗教的・精神的伝統への誇りを鼓吹したりする場合、それは一般社会から孤立して極端な言説を説こうとしているのではなく、むしろ現代日本の大きな文化潮流に見られるナショナリズムの動向を敏感に反映しながら、増幅しているものととらえた方がよいだろう。

敗戦後から九〇年代に至るまでナショナリズムは常に日本文化の主導的なモチーフだったと言ってよいだろう。だが、その間の国民的な自己評価の転変は、まことにはなはだしいものがあった。敗戦直後の「一億総懺悔」のかけ声とともに、自らの欠点を見つめ、反省するというトーンがしばらく圧倒的優位を占め、後に尾をひいていくことになる。当時の言論では、日本の宗教伝統への低い評価が一般的だった。一方、朝鮮戦争期の好景気から六〇年代の高度経済成長の時期を過ぎ、やがて「ジャパン・アズ・ナンバーワン[1]」の評価を耳にする中で、敗戦後の屈辱感からの立ち直りの反動のように、日本文化の優越性を唱えたいという意識も高揚した。そして、その中で日本の宗教をすぐれたものととらえる言説も急速に勢いを強めていった。

この章では、新新宗教のナショナリズムを理解するために、その背景となった七〇年代以降の「日本人論」「日本文化論」の動向に目を向けていきたい。両者の間の目に見える関係はそれほど鮮明ではないが、アイデンティティを支えるもの、すなわち宗教的ナショナリズムの基盤という観点からは、両者の間にきわめて密接な関連があると思われるからである。

優越意識の拠り所

単純なアンケート調査による統計資料から話を始めよう。一九五三年に行われたある世論調査では、「日本人と西洋人のどちらがすぐれているか」という質問に、「日本人」と答える者二〇パーセント、西洋人と答える者二八パーセントという結果だった。一九八六年の調査では、世界のさまざまな民族の中で日本人は「もっともすぐれている」と答える者が二八パーセント、「どちらかといえばすぐれている」と答える者は五一パーセントに上る（東京の住民）という。(2) ある種の質問を投げかけることによって露わになる隠れた国民的優越意識といってよいだろう。二〇年ほどの昂揚感の後、今一度落ち込みが生じた。二〇〇一年の五月、評論家の山崎正和は八四パーセントの支持率を得た小泉純一郎首相の圧倒的な人気について、「国民が自己嫌悪に飽きて疲れた、ということ」だと論評している（朝日新聞、二〇〇一年五月二九日、「八四%の風景1」）。九〇年代を経るうちに、優越意識から卑下の意識へ、大きく振り子は振れた。

しかし、一度高まった誇りの自覚は、その後の経済的低迷によって、すっかりへこんでしまったわけではないだろう。一九七〇年代以来、九〇年代の前半までに蓄積された経済的優位の経験とそれを正当化する言説は、二一世紀に入った日本でも、なおその影響を及ぼし続けていると思われる。一九八〇年代から九〇年代の初めにかけての時期は、日本人や日本文化の「すぐれた特徴」についての言説を生産し続けたという点で、日本の近代史上でも際だった時期である。「日本人論」「日本文化論」は長い歴史をもち、敗戦後はとくに大きな影響力を保ち続けて現在に至っているが、八〇年代から九〇年代の初めにかけては、優越意識が強調されたという点で特徴的である。そこで一度形成された地平は、「自己嫌悪」の時代にもなお根強く維持されている。そして、これから論じるように、この時期はまた日本人論、日本文化論の中で、宗教に重きを置く言説が高い支持を得たという点でも注目すべき時期なのである。

西洋諸国の圧力の下で必死に近代化をとげようとした明治維新以降の日本で、西洋と異なる自国の文化の拠り所について情熱を込めて語る言説がさかんに生み出されたことは不思議ではない。それはまた、国民という「想像の共同体」に一体化しようとする心情が世界的に興隆しつつあった時代でもあった。「日本の国体」や「日本精神」や「日本固有のもの」について論じることを自らの知的学問的課題と考えた知識人は少なくなかった。他国と比べ、日本でそうした欲求がとりわけ強かったとすれば、西洋列強に追いつこうとする位置にいると自覚する機会が多かったことともに、自国の主要な宗教的伝統が何であるかを単純に指示しにくいという事実が作用していたかもしれない。

国体論（天皇崇敬）が優勢であった戦前は、国体や天皇崇敬の伝統を日本の伝統の核心として自覚することができた。神道や仏教や儒教といった宗教伝統とは別に、堅固な実体をもつ「日本の伝統」を想像することができたのである。敗戦後はそこに大きな空白が生じた。この空白を埋めるものとして、日本人論、日本文化論に新たにたいへん大きな役割が課せられることとなった。しかし、その日本人論、日本文化論の中で、「宗教」が大きな位置を占めるようになったのは、一九七〇年代以降のことである。そして、それは新新宗教の発展期と合致している。「日本人論と宗教」というこの章の問いは、このような「時代精神」の特徴を明確にし、新新宗教の発展の時代的背景の一面をいささかなりとも照らし出そうとするものである。

〔二〕　日本人論と日本教論

日本人論とその変化

日本の文化や社会や国民性の特徴を主題とするまとまりをもった言説を総称して、「日本人論」とか「日本文化論」とかよんでいる。戦後の多くの時期を通して、書店にはたくさんの日本人論の著作が並んでおり、その中のいくつかはベストセラーに名を連ねるのが常だった。それらの多くは日本人によるものであるが、中には外国人によるものもある。

大学の講義でも企業研修でも、日本人論は人気のある素材だった。

日常生活においても、日本人が国際情勢や社会問題を話題にするときには、日本人論の語彙や決まり文句がしきりにとびかっている。たとえば「甘え」とか「タテ社会」とか「間柄」といった語を用いたり、「日本人は自己主張がへただからね」と結論づけたりするというふうに。かなり広い範囲の国民にとって、日本人論は日本国民としてのアイデンティティを確認するための拠り所、ないし便利な材料となっている。

広い意味での日本人論は長い歴史をもっており、江戸時代にすでにその原型が見られ、一九〇〇年頃から国民道徳論などの形で広められ、一九三〇年代から敗戦までの時期はたいへん活発で、公式の教化の言説として支配的なイデオロギーともなった[3]。明治期に確立する「国家神道」にとって、日本人論はその重要な構成要素であったといってもよいだろう。公式教化思想とはやや異なる方向のものでは、新渡戸稲造の『武士道』(一八九九年)や和辻哲郎の『風土』(一九三五年)などが今も名高いものである。しかし、日本人論が広い範囲の読者を得、一つのまとまりをもった言説体系のジャンルとして成立し、その論文や著作が「大衆消費財」としての性格をもつようになったのは第二次世界大戦後のことである[4]。

一九九〇年に刊行された著作で、文化人類学者の青木保は戦後の「日本文化論」の展開

を四つの時期に分けて論じている。(5)

（1） 否定的特殊性の認識（一九四五〜五四年）
（2） 歴史的相対性の認識（一九五五〜六三年）
（3） 肯定的特殊性の認識（一九六四〜八三年）
（4） 特殊から普遍へ（一九八四年〜 ）

（1）の時期から（3）の時期へと日本を否定的にとらえる傾向から肯定的にとらえる傾向へと変わっていく。敗戦の衝撃を受け止めようとし、過去の日本を反省し、欧米というモデルに向かって前進しなければならないと考えていた時期から、経済的な復興を果たし、日本の文化や社会への自信を回復し、欧米に対してむしろ優れた特徴があると主張する時期への変化である。（3）の時期以降は自己を美化するナルシシズム的な閉鎖性の傾向がないとはいえない。

ところが、その中間である（2）の時期には、むしろ比較文明論による相対化のプロセスがあった。日本だけを見つめるのではなく、他の地域や文化の特徴にも注意を払い、それぞれを相対的な眼で見ようとする姿勢が育っていた。第四の時期である一九九〇年前後は、肯定的な特殊性の強調に対する外部からの強い批判が目立つようになった時期でもある。今後は自国の文化にしろ西洋の文化にしろ、それぞれに長所や短所をもつものととらえる相対的な視点を強めるべきである。自文化の特殊性を、すなわち独自性や純粋性を過度に強調することがないような節度ある日本文化論へ向かって行くべきだと青木は論じている。

社会・文化・心理的な論点

時代による日本人論の変化は確かに存在するが、一方、時代を越えてくり返し登場する、戦後の日本人論に共通するテーマや論点も存在する。青木はそうした論点の原型がルース・ベネディクトの『菊と刀』（一九四六年、邦訳、社会思想社、一九四八年）に見出されるとし、その論旨を二点に要約している。

一つは日本の社会関係の特徴に注目するもので、ベネディクトが「集団主義」とよぶものである。この観点を発展させたものとしてもっともよく知られているのは、家族や会社などの「枠」の中での団結と、それを支える親分子分、先輩後輩関係などの上下関係の規範に注目する中根千枝の「タテ社会」という定式化である（『タテ社会の人間関係』講談社、一九六七年）。この論点はやがて、日本の組織のあり方の特徴として論じられるようになる。とくに日本の企業組織の特徴と、日本の経済的成功を関連づける「日本的経営」の理論が大きな役割を果たすようになる。

もう一つは日本の文化的な特徴に注目するもので、ベネディクトの場合は「恥の文化」として要約されている。「恥の文化」とは、他者や集団との関係の中で自己の引け目を感じる「恥」の価値意識や規範意識に日本文化の特徴を見ようとするものである。西欧のように絶対者によって命じられた絶対的規範との関係で自己をとらえ、引け目を「罪」として感じる場合と対照されている。言語や論理よりも非言語的なコミュニケーションや微妙なニュアンスを重んじる表現の美意識なども文化的な特徴として強調される点である。

以上が青木があげる主要な二つの論点であるが、社会論的な論点と文化論的な論点に加えて、日本人の心理やパーソナリティの特徴を強調する心理学的な論点も重要である。たとえば、母子関係が緊密であり、母性的な心理的要素が勝っていること（河合隼雄『母性社会日本の病理』中央公論社、一九七六年）、また他者への依存を抑制せずに表現し、察知する「甘え」の心理が顕著であること（土居健郎『甘えの構造』弘文堂、一九七〇年）などが主張されてきた。

日本人論の宗教的ないし宗教代替的機能

日本人論が学問的な認識としてどれほどの妥当性をもつかについては、個々の場合について検討しなければならない。中には、日本の社会や文化や心理の特徴について、的確で精度の高い分析を行ったり、新鮮で啓発的な展望を切り開いたような業績もある。しかし、それと同時に、全体として日本人論が、どのような社会的機能を果たしてきたかという点からの考察も必要である。日本人論を日本社会全体の統合や国民的団結を促すイデオロギーとして見たり、ある種の日本人の自我の不安や自己確認（アイデンティティ確立）の欲求に答えるもの、すなわち心理的補償物の提供者として見たりすることもできる。

日本人論に対する批判者が指摘してきたように、日本人論には事実との食い違いや一面のみの誇張が含まれていることが少なくない[6]。とくに次の二点が重要である。（1）日本全体を単一のものとして論じることにより、本来存在している多様性を軽視してしまう傾向、（2）欧米など一部の比較対象だけとの違いを強調して、日本の独自性を過度に強調してしまう傾向。

このような誤認や誇張が少なからず含まれているにもかかわらず、多くの日本人論が次々ともてはやされてきたのは、それらの言説を求める強い欲求があるからである。自分は何者であるのか、自分が属する日本とは何であるのかについて明確な観念をもち、それらを共有することによって連帯感や安定感を得ようとするのである。そうした連帯感や安定感に参与できない部外者が、それらを過剰な自己言及と受け取ったり、集団利益を守るためのイデオロギーとして受け取ったりするのは、そこに日本人多数派の集団的な凝集欲求と自己主張とを読みとるからである。

日本人論のこのような機能に注目してウィンストン・デイヴィスは日本人論を「市民宗教」に準ずるものとしてとらえている[7]。市民宗教とは国民社会の存在根拠や神聖な目標や世界史的使命に関する神話的観念と、そうした観念にまつわる儀礼の集合体を指すものである。明治維新から敗戦までの日本では、日本は天照大御神の神勅によってその子孫である万世一系の天皇が支配する国であり、だからこそ平和で権力支配のない歴史が続いてきたという国家神話が公式の教説として教え込まれた。さらには、今後は世界が天皇の支配に服することによって世界的な平和が実現するとして、そこに日本国家の世界的使命を見る思想が広められ、アジア太平洋戦争とそのための大衆動員を正当化するイデオロギーともなった。また、天皇をめぐる祝祭日や御真影・教育勅語などをめぐる儀礼が整えられ、学校ではそうした儀礼が日常的に行われた。これらがデイヴィスが日本の市民宗教とよぶものである。

戦後はこの市民宗教は崩壊した。しかし、デイヴィスによれば、それは世俗化された形で生き延びた。それが日本人論だという。つまり、日本人論には宗教的ないし準宗教的な国民統合の機能があるということになる。

もし、ある国に支配的な宗教伝統があれば、その宗教がアイデンティティの有力な提供源となることであろう。ロシア人であるとはロシア正教徒であることであり、タイ人であるとはタイ上座部仏教徒であることであり、アメリカ人であるとはキリスト教やユダヤ教のどこかのデノミネーション（教派）に所属することだ——そうでない人が増えてきても、正統的なアイデンティティの像は明確である。日本人論はそうした明確な国民的宗教が欠如している状況の下で、それを補って集合的アイデンティティを提供する機能を果たしている。日本人論の言説体系によって自己のアイデンティティを確認していくことは、宗教の言説体系によって自己のアイデンティティを確認していくことと類似していると見ることができる。

日本人論と日本教論

もちろん日本人論のすべてを、比喩としてではなく「宗教的」とよぶことは躊躇される。日本人論の中にははっきり宗教的なものとそれほど宗教的でないものとがある。かつての国体論は宗教的なものであったが、戦後の「否定的特殊性の認識」や「歴史的相対性の認識」の段階のものは宗教的な側面は薄い。では、日本人論において宗教的性格が顕著になるのはどのような場合であろうか。

日本人論の中には、日本文化や「日本人」の特徴をそれに固有の宗教（あるいは宗教以上のもの）の特徴としてとらえるものがある。そうした日本人論を「日本教論」とよぶことができよう。実際、日本に固有の宗教（超宗教）を「日本教」とよぶような論もある。日本に固有の宗教について述べ、その価値を称揚し、それを未来の希望として例示するような日本人論がその典型である。これは強い自己主張をもった日本教論である。また、その価値については中立的ないし否定的であるが、日本固有の宗教を述べることには熱心だという自己主張の弱い日本教論も存在する。

自己主張の弱い否定的（ないし消極的）日本教論はいざ知らず、強い自己主張をもつ肯定的日本教論は、それ自身、宗教的言説である。デイヴィスが言う敗戦前の日本の市民宗教の言説は、たいへん自己主張の強い肯定的日本教論のある種のものと見なすことができるだろう。それに類する自己主張的日本教論は、戦後の日本人論ではあまり目立たなかった。日本人論の中で宗教について論じられることはあまり多くなく、論じられる場合には、近代社会にとって適切でない否定的なものとして論じられることが多かった。

ところが、戦後三五年を経て一九八〇年頃から、再び肯定的日本教論が力を増してくるようになった。そしてその勢いは一九九〇年前後に頂点を迎えたようだ。以後は大きな昂揚は見られないが、すでに通説的な言説として一定の市民権を得て、日本文化論や現代文化論に一定の地歩を固めたように見える。「日本教アイデンティティ」とよぶべきものによって凝集し、威力感や安定感を得ようとする傾向が一九八〇年代に急速に強まり、新たなナショナリズム的なアイデンティティの様式を確立したといってもよいだろう。以下ではそうした日本教アイデンティティの性格について考察する。だが、その前に、日本教論が歴史的にどのような変遷をたどってきたかについて、すなわちデイヴィスが論じた戦前の正統的「市民宗教」の周辺についてあらまし述べておこう。

〔三〕 日本教論の原型と近代化過程での多様化

日本教論の原型としての国学

肯定的日本教論の原型は近世の国学に、とりわけ本居宣長（一七三〇〜一八〇一）の「古道」論に見出される。(8) 国学は日本の古典を研究して、中国やインドの文化や宗教の影響を受ける以前の、純粋な日本文化や日本精神なるものをとらえ、その価値を称揚しようとするものである。古典の価値を通して主張される肯定的日本人論という性格をもっている。古典研究の基礎は、古代の言語について正確な理解を得ることである。言語の正確な知識に基づく古典研究を大きく前進させるとともに、日本人論としての国学を体系化し、さらに最初の体系的な日本教論を構築したのが本居宣長である。

宣長は儒教や仏教のような外来の宗教の教説や思考法を厳しく批判する。それらは「やまとごころ（大和心）」に対する「からごころ（漢心、漢意）」を代表するものである。漢《から》心《ごころ》は人間の作為によって、外圧的、抑圧的な規範を立てて、それを道と称する。道とは何か、善悪とは何か、ということについて「さかしらに」あげつらい、理屈ばった言葉を駆使して「こちたく」「言挙げし」、そこに真理があると思い込んでいる。しかし、そのような教説的言語は人間の生や情の真実、とりわけ知性や論理によって歪められる前の心の真実（実情、もののあわれ）からはるかに隔たっている。

漢心に歪められる以前の人間の真実とそれに即した秩序のあり方は、何よりも『古事記』に記されている。そこに日本古来の神信仰があり、古道がある。神には善神もあれば悪神もあり、絶対的な善などは存在しない。人間の善悪の審判によって、死後の運命が左右されるということもない。善悪によって秩序が定められることがないと、すべてがアナーキーになってしまいそうに見えるが、そうではない。この世は天照大御神が始源の時以来治める国（本つ国）だからであると同時に、理屈を掲げて批判し合い政権を奪取し合ったりすることなく、天皇をつねに頂点にすえて上下の「自然な」秩序に従う平和な国柄（後に「国体」として広められるような日本国有の特徴）だからだとされる。

ここでは日本本来の宗教的精神（古道＝日本教）と外来の教説宗教（儒教、仏教）的精神が厳しく対置され、後者に批判的眼差しが注がれる。否定的他者像を鮮明に描きだすことによって、逆にその対極にある民族的源泉の優越性、神聖性が強調される。その民族的源泉は宗教的な至上価値であるが、教説的言語によって提示されるのではなく、知性や概念や理論を越えた神聖な口承的言語の中に表現されるものととらえられる。また、天皇を中心とした日本の社会秩序が、他国にすぐれた優越性をもつものであることが強調されている。これが宣長によって確立された古典的日本教論の概略である。宣長は個人の救いといったことにはあまり関心を示さず、むしろ国家の秩序や文化の優越性といった点を中心に言説を展開したが、それは彼の関心が救済宗教というよりも市民宗教（政治宗教）にあったことを示すものである。

宣長以後、国学は多様な展開を見せた。個人の救済に関心を寄せる平田篤胤らの流れは、復古神道という教団的性格をもつ神道運動に発展した。また、「国体」の神聖性を主張しながら、儒教的な言説に依拠する水戸学のような流れも成長してくる。それら江戸期の天皇崇敬思想のいくつかの流れを受け、近代国家の形成という課題に答える形で、デイヴィスのいう日本の市民宗教、すなわち国家神道と近代的な天皇崇敬の様式が形づくられていく。教育勅語（一八九〇年）は道徳的な方面を強調しながら、その後の正統日本教論の基本的枠組みを形づくることとなった(9)。広く普及したこの正統日本教論は、アジア太平洋戦争中には明確な体系性をもった宗教的教義として提示されることになる。『国体の本義』（一九三七年）や『臣民の道』（一九四一年）は短期間とはいえ正統的宗教教義書として流布したし、『日本教典』（山本信哉監修、原正男編、一九四一年）のような聖典書も編集された。だが、日本教論的な思考の大きな流れが、正統日本教論にすべて統合されてしまったわけではもちろんない。正統日本教論の支配力を誇張しすぎないためには、戦前の日本教論の多様性にも十分に眼を配っておく必要があるだろう。

相対化された日本教論の展開——日本民俗学

教育勅語を核として展開していく戦前の正統的日本教論に対する、もっとも有力なオルタナティブの潮流は民俗学的な日本教論である。これは明治末から昭和初期（一九一〇～三〇年頃）に確立したもので、その代表的な推進者は柳田国男《やなぎたくにお》（一八七五～一九六二）と折口信夫《おりくちしのぶ》（一八八七～一九五三）である。(10) 彼らは「新国学」の樹立を唱えた。日本文化の本来の姿を明らかにすることを目標とし、日本文化の核心は日本固有の宗教（固有信仰）にあると見なした。その固有信仰とは歴史を越えて古代から続いてきたものであり、広い意味での神道である。ここまでは宣長以来の古典的日本教論と前提を分かち合っている。

ところが彼らは『古事記』や『日本書紀』の神や神話の中に日本教の本質を見ることは

なかった。むしろ現存の国内各地域の民俗宗教の中に、とりわけ沖縄の民俗宗教の中に、「固有信仰」（民族論理）とよばれる日本教の原型が見出されるものと考えた。そうすると記紀神話と国体論は必ずしも日本人がもともと持っていた宗教の表現とは言えないことになる。とりわけ天上の主神である天照大御神と天皇が祖裔関係で結ばれており、だから天皇は神的な国家統合者であるといった観念は、日本人の信仰にとって本来的でなく後世的な創作物であると見なされることになる。(11)

柳田国男を例とすれば、日本人の信仰の原型は、農民の氏神信仰であると考えられている。氏神とはそれに奉仕する人々の祖先の霊を神として祀ったものである。氏神は日常生活全般にわたって氏の成員を守り助ける神である。とりわけ氏神は農業生産に関わり、「田の神」として稲を中心に農作物の豊饒をもたらしてくれる。人々は氏人としての一生を終えた後、しばらくの時間を経てこの氏神に融合する。すなわち「先祖になる」ものと信じられている。たいていの場合、死後の霊は山に行くとも考えられている。祖霊＝氏神は山にいるのであり、「山の神」でもある。「山の神」であり「田の神」である氏神は山と田を行き来する。この来訪や送り出しと結びついて祭が行われる。祭の際には神と人との共食が行われる。氏人は稲の霊を神とともに食べ、生命力の源としようとする。祭に際して神を迎えるとき、中心になるのは女性であったかもしれない。女性こそ神に近く、神の力を媒介できる存在と信じられていることも少なくない。

このように民俗宗教は地域社会の内部の信仰体系であり、直接、国家に関わることはない。民衆（常民）の生活の中の信仰は、国家的な政治秩序に関わる神話とは縁の薄いものであり、政治性の乏しいものであるというのが柳田や折口の見方である。政治性を強化すれば本来の神道は歪められてしまうと彼らは考えた。デイヴィスがいう敗戦前の日本の市民宗教に対して、彼らは少なくともいく分かは否定的な立場をとっていた。同じく日本教論ではあっても、あるべき日本人の姿を定めようとする規範的な日本教論の正統潮流を相対化しようとする方向性がそこに何ほどかはらまれていた。

戦後の民俗学となると、神道的ナショナリズムと民俗宗教との分離はもっと強調される。堀一郎（一九一〇～七四）や桜井徳太郎（一九一七～二〇〇七）や宮田登（一九三六～二〇〇〇）がその代表である。彼らにとっても政治的に作られた神道ではなく、地域社会に根付く民俗宗教こそが日本人本来の信仰（日本教的なもの）であり、深く探求し、解き明かすべき研究目標であった。しかし、それに対する評価は柳田国男や折口信夫よりももっと低くなる。[12] それらはキリスト教や仏教のような外国で発展した教説的宗教、普遍主義的宗教よりすぐれたものとは見なされていない。柳田や折口にあっては、外来宗教である仏教や儒教に対して、民俗宗教を優位に置こうとする姿勢が見られたが、戦後の民俗学者においては、むしろ劣ったものと考えられることさえ少なくない。この場合、民俗学的日本教論はすでに否定的な日本教論に転換している。

相対化された日本教論の展開——戦後の批判的論調

戦後、一九七〇年頃までの時期に否定的な日本教論を展開したのは、民俗学者だけではない。この時期には、日本人論が日本独自の宗教性を話題にする場合、否定的日本教論に傾くのが一般的であった。この時期には日本の文化の否定的特性を、確固たる宗教伝統の欠如に帰したり、日本教の弱点に帰したりする論調が少なくなかった。たとえば丸山真男の『日本の思想』(岩波新書、一九六一年)は、日本の思想が論理的な構造性を欠いており、次々と外来のものを受け入れて形だけ吸収していく点に特徴があると論じているが、それを「固有信仰」以来の無限定的な抱擁性」と結びつけている。

詳細にわたる否定的日本教論の代表的な著作は、中村元の『東洋人の思惟方法』の第四編『日本人の思惟方法』(春秋社、一九四七年)であろう。この著作は日本固有の宗教、あるいは神道について論じたものではなく、むしろ外来宗教である仏教や儒教(とくに前者)の日本的受容の特徴を主題としている。しかし、それは日本人の宗教的思惟の特徴を論じることであり、日本教論の一形態と見ることができる。

中村が強調するのは、本来の仏教（や儒教）がもっていた論理性や現実超越の志向性が、日本では弱められてしまっているという点である。それはまず第一に、自然をそのまま絶対者としたり、人間の自然な性情を肯定したり、他者との対決を回避したりする態度に現れている。それを一言でまとめて、中村は「与えられた現実の容認」として特徴づけている。

第二の特徴として、宗教的な規範を軽視し、イエとか身分階級とか国家とかの秩序を重視する「人倫重視的傾向」も強調されている。この傾向は宗祖、教祖のような「特定個人に対する絶対帰投」や、天皇や将軍への「帝王崇拝」のような人物崇拝（人物神化）にも現れている。逆に僧侶と寺院に代表される宗教的エージェントの尊さに対する無自覚も日本的思惟の特徴である。人物崇拝はまたシャーマニズムの延長にあるものともとらえられている。

中村があげる日本的思惟の第三の特徴は、「非合理主義的傾向」である。日本人は抽象的な概念や論理を構築することを好まず、直観的情緒的な思考を好む。念仏のような「単純な象徴的表象」によって仏教信仰の核心をとらえようとするのも、そうした傾向によるものである。これらすべては日本人の宗教的思惟が十分に成熟せず、呪術的な段階にとどまっていることと関連していると中村は考えている。全体として日本教に対する否定的ないし消極的評価ははっきりしている。

天皇崇敬を基軸とする日本教論の困難

一九六〇年代頃までは、日本教をめぐる言説の中では、このような否定的日本教論が圧倒的な優位を占めていた。もちろんこの時期にも、肯定的日本教論がなかったわけではない。日本教的な精神の復興によってこそ、日本国民の統合と日本人の生きがいの回復が可能になると論じる人々も少数ながら存在した。しかし、彼らが描く日本教の像は、多くの場合、天皇崇敬を中心とする本居宣長以来の神道ナショナリズムの戦前的パターンの枠内にとどまるものであった。

三島由紀夫の「文化防衛論」(一九六八年)は、そうした旧来の日本教パターンに依拠して日本教復興を訴え、広い注目を集めた最後の論説と言えるかもしれない(13)。この論文で三島は、現代日本の文化は文化を安泰な日常生活のための手段や慰めの具としてしまうようなヒューマニズム的文化主義に堕しているとして、警鐘を鳴らす。それに対して彼が復興させたいと願うのは、文化本来の包括性、全体性を担いうるような、また絶対的倫理的価値を伴うような国民レベルの「文化共同体」である。そのような日本の文化共同体を支える価値理念としては天皇以外にない。天皇を絶対価値とする文化共同体こそが日本文化の未来の希望であるとする。

著名な小説家である三島の論説はかなりの注目を集めたが、賛同者はあまり多くなかった。このような天皇中心主義に基づく肯定的日本教論は、もはや大衆的な支持を得にくくなっている。あえて主張すれば、特殊な右翼的イデオロギーを掲げる周辺的な勢力の代表者と見なされることを覚悟しなければならない。戦後から今日に至るまで「天皇制」をめぐるおびただしい量の言説の多くは、天皇制の美点を賛美、称揚するものよりも、その短所を力説するものである。しかし、それは肯定的日本教論そのものの衰退を意味するものではない。七〇年代以降、これまでの肯定的日本教論とはいくらか趣を異にする新しいタイプの肯定的日本教論が登場し、次第に勢力を強めていく。次節ではそのような新しい肯定的日本教論の性格を明らかにしていきたい。

[四] 新しい肯定的日本教論の興隆

山本七平とアイロニカルな日本教論

はっきりと肯定的なトーンをもった日本教論の調べが、高らかに響き始めるのは一九八〇年代に入ってからである。七〇年代の肯定的日本教論の響きは、まだひそやかで散発的である。七〇年代に大きな注目を浴び、広い支持を得たのは、山本七平（一九二〇～九一）の日本教論である。山本は一九七〇年にイザヤ・ベンダサン（Isaiah BenDasan）の名で刊行した『日本人とユダヤ人』（山本書店、後に角川文庫）がヒットして以来、「日本教」に関する著作を次々と発表した。『日本教について』（文芸春秋、一九七二年、後に文春文庫）、『日本教の社会学』（小室直樹と共著、講談社、一九八一年）などである。これらの著作によって「日本教」という用語がジャーナリズムに通用する用語となった。

山本が「日本教」というとき、それは本来の意味での「宗教」ではないというニュアンスが込められている。[14]何よりもそれは超越者と超越的規範を認めない。神ではなく「人間」を最高概念とする。それでは人間個々人の自由を尊重するものであるかと言えば、そうではない。厳然たる掟があり、それに従わない者は、日本人と認められないのみならず、対等の人間的存在とも認められない。

日本教の掟の最たるものは集団の意志決定の方式に関わるものである。会議や集まりで何かを決めようとするとき、日本人は対立する意見を表明し合い、オープンに討議して、最後は多数決で決めるというやり方を取らない。つねに全員の合意、すなわち満場一致という形で決定しようとする。その場合、議論の落ち着き場所は、何らかの原理とそれに基づく論理によってではなく、そこにいる人々がかもし出す「空気」によって決まる。その場の「空気」を察知して、皆が何となくその方向へ結論をもっていくように努める。この「空気」こそ日本教のドグマである。この全体的な「空気」に逆らって自分の意見を述べるとき、それは集団の調和と意志決定を困難にするものと見なされる。それは「水をさす」行為とされ、日本教の掟に反するものとして処断される。

このような日本教のあり方に対して、山本が批判的であることはまちがいない。しかし、それではこれが戦後の否定的日本教論のパターンをそのまま引き継ぐものであるかというとそうも言えない。山本はキリスト教徒として育ち、キリスト教やユダヤ教について深い知識をもっていた。そうした自己形成に基づいて日本教的な文化に違和感をもっていた。しかし、かといってキリスト教やユダヤ教を日本教より優位にあるものと見ていたわけではない。

批評家の谷沢永一は山本の日本人論は、外国人に対する劣等意識から解放され、没価値的に日本人の考え方と身の処し方を明らかにしたという点で、それまでの日本人論と異なると述べている[15]。山本は日本のキリスト教徒は、キリスト教徒というよりも日本教キリスト派とよんだ方が適切だと論じている。日本人として他者に和しつつ、平常の生活を送っている限り、日本教の規範や行動パターンを免れることは困難であり、自らはそれから自由だと考えるのは自己欺瞞である。山本は日本教より高いところに立ち、西洋や中国やインドの宗教や思想という地点から日本教を見下して批判したのではない。

山本の日本教論の特徴は肯定的とも否定的とも言えないアイロニカルな姿勢をもっているところにある。それは日本人の価値観や行動パターンに批判的ではあるが、同時に国民的アイデンティティを強化し、「国際化」（少し後の時代の概念で言えば「グローバル化」）に対処しうる体系的な自己概念を提示しようとしている。それは外国の宗教とは種類の異なるものであるが、それなりに長所や欠点をもった包括的な世界観であり、価値体系であると見なされている。日本人論を「日本教」という概念で提示することにより、山本は戦後の否定的日本教論と結びついた日本人論から、国民的アイデンティティを支える肯定的日本教論へと一歩、踏み出したと言えるだろう。

原始神道的日本教論の台頭——梅原猛

一九八〇年代に入ると、新しい肯定的自己主張的日本教論が台頭してくる。それらは肯定的日本教論という点では、本居宣長からアジア太平洋戦争期の全体主義的神道ナショナリズムに至る古典的日本教論に通じるものであるが、その内容はかなり異なっており、新しいタイプのものと見なした方がよい。それらの中でももっとも明確な形をとっているのは原始神道的日本教論とでもよぶべきものである。

この原始神道的日本教論の代表的論客は、梅原猛（一九二五～二〇一九）である。梅原は一九六〇年代から日本の宗教や思想文化の歴史に強い関心を示していたが、一九八〇年頃からアイヌや沖縄、あるいは縄文時代の宗教文化への関心を強め、その成果として自己主張的な日本教論の著作を次々と刊行していく。『日本の深層』（佼成出版社、一九八三年、新版、一九八五年）、『日本人の宗教』（カセット、新潮社、一九八七年）、『日本人の「あの世」観』（中央公論社、一九八九年）、『「森の思想」が人類を救う』（小学館、一九九一年）、『日本人の魂』（光文社、一九九二年）などである。

梅原は日本の文化や宗教の根底には縄文文化があるとする。大和国家が版図を広げていくにしたがって、弥生文化以後の稲作農耕文化が全国に及んでいく。これまでの多くの学者、とくに日本の民衆の信仰について論じてきた民俗学者たちは、典型的日本人は稲作農耕民だったということを大前提としてきた。このため、日本の文化や宗教の本流は稲作農耕民によって築かれた農民の文化、農民の宗教と見なされてきた。この見方を代表する学者が柳田国男である。

ところが梅原は、狩猟採集文化である縄文文化こそ本来の日本文化であり、稲作農民の文化は縄文文化の上に二次的に重なった付随的なものにすぎないと見る。日本人の宗教もその根は外来の仏教や儒教や道教、あるいはそれらに影響を受けた後世の神道ではない。

日本固有の信仰は、縄文人が信じていたアニミズムである。そしてそれは日本列島の周辺部に保存されている。アイヌや沖縄の文化や宗教にこそ、原日本の文化や宗教、すなわち高度に発達した狩猟採集文化とその宗教が見られるという。

では、狩猟採集民であった原日本人のアニミズム、ないし神道はどのようなものなのか、梅原はその主要な特徴を二つの点に見ようとしている。第一は、人間だけでなく動物や植物、ひいては存在するすべてのものに霊を認めようとするという点である。たとえば森の信仰である。一般に狩猟採集民は樹木と森に深い畏敬の念をもつ。縄文時代の日本は森に覆われており、縄文人は森と樹木の霊を尊んだ。農耕民は大地を人間の生活に利用するために、樹木を倒したり、燃やしたりした。農耕文化は自然に対する支配の衝動に基づいているが、森を大事にする狩猟採集民の文化は、自然への畏敬の念に根ざしている。森の信仰には、自然の命を大事にし、人間と自然が共生していこうとする態度がある。

原日本人の信仰、すなわち日本固有の神道の第二の特徴は、生死を身近なあの世との往来に見るという点である。日本人にとって生とは魂によって与えられるものであり、死とは魂が肉体を離れることである。肉体を離れた魂はあの世に行く。この世とあの世に大きな違いはない。原日本人は極楽とか地獄のように、この世とまったく異なる世界を信じたのではなかった。高等宗教が説くようにこの世の行為の善悪によって裁かれて、賞罰として死後の世界が決まるというような信仰は自分は好まない、と梅原は言う。そのような信仰は、結局は一つの宗教を信じる者のみが救われるという排他的思想につながっている。日本人の信仰はそうしたものではない。

あの世にはご祖先が待っている。そして温かく死者を迎えてくれる。あの世に行った魂は、この世の子孫の生活を見守っている。そしてお正月やお盆やお彼岸には、子孫の住む家に帰ってくる。あの世に行った魂は、しばらくすると生まれ変わりもする。誰かの腹に宿り、別の人間としてこの世に帰ってくるわけである。それまでの長さは数年から数十年のことである。ただし、善いことをした人間の魂ほど早く帰ってこられると梅原は言う。

梅原は「日本の宗教とは何か」について語っているが、それは同時に、農耕文明以前の段階の世界の諸文化に普遍的に見られるものであるともいう。それはまた彼自身が信奉したい宗教のあり方であり、また人類の未来を指し示す宗教のあり方でもあると考えられている。梅原は日本教を論じつつ、今後の人類のために、あるべき宗教の姿を描き出そうとしているわけである。

新しい肯定的日本教論の諸相と霊性知識人——佐伯彰一

梅原猛は新しい肯定的日本教論の提唱者の中で、もっとも影響力の大きい人物であるが、他にも肯定的日本教論を提示している著述家や学者が数多くいる。

たとえば、佐伯彰一（一九二二〜二〇一六）の『神道のこころ』（日本教文社、一九八九年、後に中公文庫）はキリスト教や共産主義と対比して神道の美点を並べあげ、今こそ、「神道復権のとき」だと高らかに訴えている。佐伯は英文学者・比較文学者であり、アメリカ合衆国で学んだり教えたりしたこともある西洋通の知識人である。佐伯によれば、戦後長い間、神道を諸悪の根源とする否定的神道観が通用してきた。これは占領下で広められたものので、アメリカ人の占領支配の意図に基づく誤った神道理解を鵜呑みにしたものである。確かに戦時中は、攻撃的なイデオロギーと神道が結合したが、これは明治期の指導者が啓蒙主義の悪しき影響を受け、キリスト教に神道を似せようとしたためであり、元来の神道はそのように危険なものではない。むしろそうしたイデオロギー的硬直から自由な点にこそ、キリスト教などと異なる神道の美点がある。

神道の過去には、キリスト教とイスラムが争い合った十字軍の宗教戦争のようなものはない。神道の特徴は強力な外来の宗教の流入に対して、排除しようと抗ったりすることなく、柔軟にそれらを受け入れ、支配されてしまわずに生き延び、神仏習合というような巧妙な複合体を作り上げた点にある。建築を取り上げてもキリスト教の教会に見られる威圧するような攻撃性はなく、神社の社殿は簡素淡泊で自然の中に埋もれて静かなたたずまいを見せている。主神が女神であることに示されるように、女性的な受動性と柔軟性を特徴としている。自然との一体感を重んじる点は現代のエコロジーの精神に通じる。また、祖霊信仰に見られるように死者とのきずなを大切にする鎮魂の精神も、世代を越えた連帯を志向しており、再評価に値するものである。神道的なものは、けっして狭い意味での宗教の領域にとどまってはいない。日本の文芸など、過去の文化遺産の多くは、神道的なものの現れととらえることができる。こう佐伯は論じていく。

佐伯の神道擁護論、神道復興論は八〇年代から九〇年代初めにかけて盛んであった日本教論の中でももっともナショナリズムが濃厚で、自己主張的な性格も強い部類に属するだろう。一方、肯定的日本教論に近い立場を取りながら、自己主張的なナショナリズムに警戒的で、日本教的なものが普遍的な人類の宗教性につながるという点を強調する論者もいる。

鎌田東二の新・新国学の構想など——新霊性運動との連関

たとえば戦後生まれの宗教学者であり、神道思想に造詣が深く、東西の神秘主義的な宗教思想にも通じている鎌田東二（一九五一〜　）は、外来文化から切り離された純粋な日本教としての神道ではなく、外国の宗教伝統にも通じるものとして神道を活性化すること[16]を目指している。鎌田は「純粋国学理性批判——新・新国学のために」という一文で、国学の精神を現代に再生させるためには、柳田国男らの目指した新国学をも越えた、「新・新国学」ないし「第三次国学」が必要だと説いている。それは「多国国学を含んだ国学」であり、人類の意識の進化という共通の動きにそったものである。韓国の「ハンサルリム（総合生活）」運動との交流の経験を語りながら、彼は今、国境を越えた国学運動が可能になりつつあると主張する

このように肯定的に神道あるいは日本教について語る人々も、その立場は多様であり、中には対立し合う見解も含まれている場合がある。佐伯の場合はナショナリスティックな動機が強く、日本人としてのアイデンティティを確認したいという欲求が濃厚に現れている。佐伯ほどの攻撃性はないが、もっぱら神道の特徴を論じることに主眼がある、豊田有恒（一九三八〜　）の『神道と日本人』（ネスコ、一九八八年）などもこの系統に属する。一方、鎌田の場合はそうした動機は弱く、むしろ世界各地に見られるアニミズム、シャーマニズムや神秘主義の日本的な現れとして、神道に関心をもっている。先にあげた梅原猛や『縄文の神とユダヤの神』（徳間書店、一九八九年）の著者である佐治芳彦（一九二四〜不明）などは、両者の中間に位置づけられる。

一九八〇年代から九〇年の前半にかけての時期は、鎌田のように神道に限らずさまざまな霊性の伝統に関心をもったり、もっとモダンに心理療法的技法に引きつけられたりして、

自己確立を目指す人々が急速に増大した。瞑想やボディワークやセミナーなどを通して、霊的な自己変容をとげ、それを手がかりとして人格的成長をとげようとするのである。第四章でも論じた「新霊性運動」の潮流である。この潮流に属する人々は、これまでの教団宗教（キリスト教や仏教や新宗教）のように固定的な教説を押しつけ、教団組織で拘束するようなあり方は好ましくないと考えている。個々人の自由な自己探求を通して、高い霊性に達しようとする行き方が現代にはふさわしい。そうした人々の霊的成長によって、人類は今、新しい意識進化のレベルへ進もうとしている――このように考える人もいる。第四章でも論じたように、このような新霊性運動の潮流に棹さす、霊性志向の知識人が多数輩出してきた。そしてそうした霊性知識人の言説の中に、日本教的な内容が含まれることが少なくないのである。

［五］ 新しい肯定的日本教論の特徴と興隆の背景

新しい肯定的日本教論の特徴

新しい肯定的日本教論の著作は、第四章、第五章でもその一部を紹介したが、一九八〇年代になって刊行され始め、次第にその数を増し新新宗教と同様に、九〇年代前半にピークを迎えた。それらは外国起源で世界各地に拡大してきた教説的宗教を批判し、日本教、神道、アニミズムなどを称揚することによって、日本人のアイデンティティの確認に貢献しようとする。この点で本居宣長以来の古典的日本教論のパターンを継承するものである。

しかし、古典的日本教論とは異なる点もある。まず、日本教を政治的な機能においてとらえ、すぐれた国民統合の歴史故に評価するという視点が乏しい。天皇崇敬を日本教の核心として掲げることはあまりない。もっとも天皇による平和な政治統合という点で神道的な価値を称揚しないといっても、外来宗教や普遍主義的宗教の批判においてはその闘争志向や排他性を取り上げることが多い。「日本の平和志向対外国の闘争志向」という対比が消滅しているわけではないが、日本教の美点は政治的団結や平和というより、文化的な寛容や受容性の中にあるとされる。かつての国体論にかわって、日本の宗教文化史の特徴に即して日本教の優位を主張しようとしているわけである。

攻撃性対受容性という対比を、社会秩序や政治のあり方においてよりも、自然に対する態度のあり方に見るという傾向が増しているのも新しい点である。つまり、自然と人間を切り離して、人間の知性によって自然を支配しようとする西洋近代に対して、自然と人間を連続的なものと見、自然と人間のエコロジカルな調和を求める神道、ないし日本教という対比である。

また、日本教の特徴を日本だけに固有のものと見るのではなく、広く世界各地にあるものと見ようとしている点も、従来の肯定的日本教論と異なっている。日本の国内でも、梅原の例のように、アイヌや沖縄の文化を称揚し、多数派日本人の共通文化を相対化することで、革新的な立場との連帯が図られている場合もある。日本の多数派文化の固有性と優位性を単純に強調するような言説に対しては、国の内外から厳しい批判が浴びせられる可能性が高い。日本教の独自性や優位性を主張しつつも、それがあまり声高には響かないように努めるのが昨今の日本教論の特徴である。

ともあれ、肯定的日本教論が八〇年代に復興し、一定の支持層をもつようになったことは確かである。七〇年代には青木保がいう「肯定的特殊性の認識」を特徴とする日本人論が有力であったが、その中で宗教を肯定的に持ち出すものはあまりなかった。「日本教」の概念を積極的に提示した山本七平の場合は、日本教論としては肯定的とも否定的とも言えないアイロニカルなものだった。ウィンストン・デイヴィスがいう「世俗化された日本の市民宗教」である日本人論が、再び宗教的な傾向を強めるのは八〇年代のことである。

ファンダメンタリズムとの関連

こうした変化の背後に、八〇年代に強く自覚されるようになった経済的優位に基づく優越意識の正当化という動機があることは、この章の冒頭で論じたとおりである。しかし、自己主張的な日本教論が復興してきた理由を、単にグローバル化の中での経済的優位の正当化という点からのみ説明するのでは不十分である。七〇年代以降、世界的に宗教が民族集団的・国民的団結に関わる傾向が強まっている。アラブ諸国や中央アジアでのいわゆるイスラム原理主義（ファンダメンタリズム）の興隆や、インドにおけるヒンドゥー・ナショナリズムの興隆は、その代表的な例である。これらは宗教的ナショナリズムの興隆とよぶべき傾向であり、第三世界だけでなく、先進国の内部にも見てとれるものである。

こうした宗教的ナショナリズムの興隆の背景には、近代化との関係という点からの自己認識、あるいは合理性の度合という観点からの自己確認があまり切実には感じられなくなったという事態がある。「近代」や「進歩」を参照軸とするアイデンティティが魅力的でなくなったのである。ともに西洋近代の所産である「自由主義対社会主義」という対立する立場のどちらかが、人類の未来を代表すると信じられた時代（冷戦時代）が過ぎ去るとともに、この傾向はいっそう明瞭になる。

一方、世界的な都市化や通信交通の発達によって、人の移動が激しくなり、文化の多様化と価値の相対化が急速に進んでいる。この趨勢に従う限りどこの地域でも、住民が共同の価値観や好みを分け合っているという意識が乏しくなってくる。とりわけ第三世界の都市においては、資本主義的消費経済の拡張により、首尾一貫した生活秩序の崩壊がたえがたい程度に達していると感じられている。こうしたアイデンティティの拡散の中で、一方では国家や民族集団が、他方では宗教がアイデンティティの拠り所として新たな輝きをもつようになってきている。現代世界の「宗教復興」の潮流には、国家や民族集団の統合を強めるアイデンティティの拠り所として、宗教が有益であるという理由も少なからず作用している。

一見、ファンダメンタリズムなどとはほど遠いように見える日本であるが、七〇年代以降、それなりに宗教による国民的アイデンティティの確認の欲求が強まった、と見ることができる。そしてそこには確かに宗教がからんでいた。この点では、第三世界を始めとする世界の諸国と歩調を合わせている。ただし、日本の場合、イスラム圏やインドや中央アジアで見られるような一元的な宗教運動という形はとらない。第四章で述べたように、国家儀礼の強化や伝統擁護の言説、さまざまな新新宗教教団とともに、ここで述べてきたような宗教を主題とした自己主張的文化言説として展開したのである。九〇年代の後半以降、世界の中での経済的優位は後退していった。宗教運動に対する風当たりも強くなった。自己主張的日本教論は二一世紀初頭にはあまりにぎやかではない。しかし、宗教的ナショナリズムを全体として見れば、二一世紀に入っても衰えてはいない。それがどのように変容していくのか、さらに観察を続ける必要があろう。

注

（1）エズラ・ヴォーゲル『ジャパン・アズ・ナンバーワン――アメリカへの教訓』（ＴＢＳブリタニカ、一九七九年、Ezra Vogel, *Japan as Number One : Lessons for America*, Harvard University Press, 1979）。

（2）宮島喬「ネオ・ナショナリズムと対外意識」（古城利明編『世界社会のイメージと現実』東京大学出版会、一九九〇年）による。庄司興吉編『住民意識の可能性――「国際化」時代のまちづくりと日本人の社会意識』（梓出版、一九八六年）も一九八三、八四年の東京都中野区・墨田区住民に対する調査で同様の結果を提示している。

（3）長期的な展望の下で日本人論の流れをとらえようとしたものに、次のものがある。築島謙三『「日本人論」の中の日本人――民族の核心を知る』（大日本図書、一九八四年）、鹿野政直『「鳥島」は入っているか――歴史意識の現在と歴史学』（岩波書店、一九八八年）所収の「日本文化論の現在」。

（4）「大衆消費財」として日本人論をとらえる必要を示したのは、ハルミ・ベフ『イデオロギーとしての日本文化論』（思想の科学社、一九八七年）である。日本人論がどのように受容されているかをより総合的に論じた書物に、一九九二年の英文著作に基づく、吉野耕作

『文化ナショナリズムの社会学——現代日本のアイデンティティの行方』（名古屋大学出版会、一九九七年）がある。

（5） 青木保『「日本文化論」の変容——戦後日本の文化とアイデンティティー』（中央公論社、一九九〇年）。

（6） 一九八〇年代には、日本の国内でも日本人論批判の著作や論文が数多く刊行された。当時の日本人論批判書には、次のようなものがある。土方和雄『「日本文化論」と天皇制イデオロギー』（新日本出版社、一九八三年）、ダグラス・ラミス、池田雅之『日本人論の深層——比較文化の落とし穴と可能性』（はる書房、一九八五年）、岩井忠熊『天皇制と日本文化論』（文理閣、一九八七年）、岩崎允胤『日本文化論と深層分析』（新日本出版社、一九八九年）。海外での日本人論批判の代表的著作として、Peter N. Dale, *The Myth of Japanese Uniqueness*, St. Martin's Press, 1986, がある。

（7） Winston Davis, *Japanese Religion and Society*, State University of New York Press, 1992, 所収の"Japan Theory and Civil Religion"。なお、この論文の初出は、一九八三年である。

（8） 子安宣邦『本居宣長』（岩波書店、一九九二年）はこのような視点から宣長の『古事記伝』に批判的検討を加えている。

（9） 島薗進「加藤玄智の宗教学的神道学の形成」（『明治聖徳記念学会紀要』第一六号、一九九五年）、同「日本における「宗教」概念の形成——井上哲次郎のキリスト教批判をめぐって」（山折哲雄・長田俊樹編『日本人はキリスト教をどのように受容したか』日文研叢書一七、国際日本文化研究センター、一九九八年)、同「国民的アイデンティティと宗教理論——井上哲次郎の宗教論と「日本宗教」論」、脇田晴子、アンヌ・ブッシイ編『アイデンティティ・周縁・媒介——〈日本社会〉日仏共同研究プロジェクト』(吉川弘文館、二〇〇〇年)。

(10) 柳田国男については、川田稔『柳田国男——「固有信仰」の世界』(未来社、一九九二年)が的確に要約している。折口信夫については、島薗進「折口信夫における「民族論理」論の形成」(東京大学文学部修士論文、一九七四年)がある。

(11) このような観点は、『定本柳田国男集』第一〇巻(筑摩書房、一九六九年)、『折口信夫全集』第二〇巻(中央公論社、一九六七年)に収められた諸論考に明瞭に現れている。

(12) 顕著な例として、堀一郎『民間信仰』(岩波書店、一九五一年)をあげておきたい。

(13) 読みやすい形では、三島由紀夫『裸体と衣裳』(新潮文庫)に所収されたものがある。「文化防衛論」の日本文化論史上の意義については、青木保も注目している。

(14) 山本の日本教論を概観的に総括しようとしたものに、山本七平・小室直樹『日本教の社会学』(講談社、一九八一年)がある。

(15) 谷沢永一『山本七平の智恵』(PHP研究所、一九九二年)一八ページ。

(16) 鎌田東二『異界のフォノロジー——純粋国学理性批判序説』(河出書房新社、一九九〇年)所収。

第三部　モダンへの対抗

第七章　宗教復興の中の新新宗教

新新宗教の位置

第三部では、第二部に続いて、新新宗教を日本と世界の広い宗教状況の文脈の中に置き直す作業を続けたい。序章と第一部では、新新宗教を主に日本の新宗教の流れの中でとらえようとした。近代日本の宗教史の中で新宗教が占める位置はたいへん大きい。新宗教を見ていくことによって、近代宗教史の諸問題のさほど小さくない部分を理解することはできるだろう。だから、新宗教の歴史の流れに、現在何が起こっているかを考察することで、現代日本の宗教意識の動向についてある程度の見通しをもとうとするのもあながち無謀なことではないだろう。

しかし、そうはいっても新宗教だけに目を注いでいるのは、視野が狭い。世界の宗教動向との関わりが見にくい。そこで、第二部では反世俗主義と関連づけながらナショナリズムに目を向けてみた。この試みによって得られた視野の広がりを、第三部ではさらに拡大しながら、現代の精神状況の中で新新宗教が占める位置を考察したい。

まず、この章では、現代の日本と世界に「宗教復興」の気運があるととらえ、その宗教復興の気運の中で、新新宗教がどのような位置をもつかを考えていきたい。宗教復興は近代に支配的だった世俗主義への意識的な対抗の動きを含む。この第七章では宗教復興の諸相を見渡しながら、その中で反世俗主義が占める位置を見定める。そして、この章に続く第八章、第九章では、世俗主義や近代的価値に対抗しようとする意志が、新新宗教の中にどのような形で見てとれるかを考察する。このようにして第七〜九章では、ポストモダンの現象としての新新宗教を、モダン＝近代に対抗しようとする意識との関わりで考察するための手がかりを探っていく。

[一]「宗教ブーム」の中の新新宗教

宗教教団だけではない「宗教ブーム」

新新宗教という言葉が流通するようになったのとほぼ時を同じくして、「宗教ブーム」という言葉もよく用いられるようになった。幕末維新期の第一次宗教ブーム、大正期ないし昭和初期から敗戦後の第二次宗教ブームに続いて、七〇年代半ば以降、第三次宗教ブームに入ったというのである。人によっては、明治末から大正時代と昭和初期から敗戦後の二つの時期を分けて、七〇年代以降は第四次宗教ブームだとする場合もあった。一九九五年のオウム真理教事件以後は、宗教ブームが続いていると主張する人はいない。だが、一九八〇年代の末から九〇年代の初めにかけて、オウム真理教や幸福の科学が急速な発展をとげた時期には、この言葉に一定の真実味があると感じた人が多かったようである。

こうしたとらえ方にはそれなりの意義があると思うが、少し誤解を招くかもしれない点がある。幕末維新期や第二次世界大戦後の宗教ブームは主として新宗教の発展がその内容だった。つまり、第一次宗教ブームとは、黒住教、天理教、本門仏立講などの発展を意味し、昭和初期から戦後の宗教ブームとは、霊友会、世界救世教、ＰＬ教団、生長の家、創価学会などの発展を意味した。それらの宗教集団の発展は目を見張るものがあり、宗教史の情景を一変させるような意義をもっていたのである。

ところが、一九七〇年代以降の宗教ブームはどうも宗教集団の発展、すなわち新新宗教の発展ということが中心とは言えないようである。確かにオウム真理教や幸福の科学は大きな規模をもつ教団に発展したが、それでも他の新宗教教団の総体に比べればさほどの力をもつには至らなかった。西山茂は、このような状況を踏まえて、明治末から大正初期の「第二次宗教ブーム」と七〇年代以降の「第三次宗教ブーム」にあたるものは、ともに新宗教の発展と同時に「神秘・呪術ブーム」という性格が強いことを指摘している[1]。

私も西山の観察に同意する。だが、その「神秘・呪術ブーム」の性格について、まだ多くが解明されなくてはならないと感じている。新新宗教という現象の位置を明らかにするには、同時代のもっと広い大衆宗教の状況を見定めておく必要がある。西山が「神秘・呪術ブーム」とよんでいる現象やその周辺に、この時代の人々の宗教的関心をとらえる手がかりがあると思われるのだ。そしてそれらは新新宗教とともに、現代の世界で広く起こっている「宗教復興」現象と照応しあう現象としてとらえることができると思う。

宗教統計の見直し

一九六〇年代までの新宗教の発展を宗教分布図の中で見ると、その背後には伝統仏教教団や地域社会に基盤をもつ民俗宗教集団の衰退があった。幕末から一九六〇年代まで、総体としての新宗教はそのパイを増やし続けてきたと言ってよいだろう。ところが、一九七〇年代以降はそれが続いているかどうかはっきりしない。新宗教の第一章でも述べたように、新新宗教の発展の背後には「旧」新宗教の停滞、ないし衰退という事実があった。その上、伝統仏教や民俗宗教の勢力の後退は続いているとすると、宗教集団という側面から見ると宗教ブームなどとは言えない情勢かもしれないのだ。

事実、長期間の宗教統計を丁寧に検討している宗教社会学者の石井研士は、NHK放送世論調査所が『現代日本人の意識構造』（一九七九年）、『日本人の意識構造』（一九八四年）などで主張した「宗教回帰」には十分な裏づけがなく、統計的には「宗教回帰」を示すことが難しいとしている。(2) 集団的な宗教に関わる行動や意識を見る限り、これは妥当な見方である。オウム真理教事件以後は、「教団宗教ぎらい」の気分はもっと広く深く浸透してきており、「あなたは宗教を信仰していますか」といった問いに「はい」と答える人の割合が上向く兆しはない。

しかし、七〇年代後半から九〇年代の初めにかけて、広い意味での宗教的なものに関心をもったり、そうした行動に加わる人が増えたという徴候は見出すことができる。たとえば、「この一、二年の間に、身の安全や商売繁盛、入試合格などを、祈願しに行ったことがありますか」という問いに「はい」と答える人は、一九七三年、二三・〇％、七八年、三一・二％、八三年、三一・六％、八八年、三二・二％、九三年、二八・四％、九八年、二九・一％である。また、「お守りやおふだなど、魔よけや縁起ものを自分のまわりにおいていますか」という問いに「はい」と答える人は、一九七三年、三〇・六％、七八年、三四・四％、八三年、三六・二％、八八年、三四・六％、九三年、三二・八％、九八年、三〇・六％となっている。さらに、これら一連の問いに答えた後で、「宗教とか信仰とかに関係していると思われることは何も行っていない」とする人は、一九七三年、一五・四%、七八年、一一・七%、八三年、九・六%、八八年、九・九%、九三年、八・八%、九八年、一一・四%となっている(3)。広い意味での呪術＝宗教的行動に関する限り、八〇年代は確かに高率を示しているといってよいだろう。

では、このような宗教行動の上昇は、どのような宗教現象の昂揚を反映しているのだろうか。八〇年代を中心に「宗教ブーム」は確かにあったとして、その内実はどのような構成要素からなるものなのだろうか。私はそれを、「新新宗教」「呪術＝宗教的大衆文化の興隆」「新霊性運動」の三つの現象からなるものと見たい。したがって、新新宗教とは何かを考える際、「宗教ブーム」の他の二つの要素、「呪術＝宗教的大衆文化の興隆」「新霊性運動」に目を配る必要があると考える。順番に説明していこう。

マスメディアを流れるオカルト文化

七〇年代以降、マスメディアを通して広められる大衆文化の中で呪術＝宗教的テーマがしだいに人気を増してきた。これは世界的な現象だが、とくに日本で顕著だ。映画では「エクソシスト」(一九七四年)前後からの心霊・ホラーもの、テレビではユリ・ゲラーの登場(一九七四年)前後からの心霊現象や超能力に関する番組の流行が目立つ例である(4)。

マンガの世界では手塚治虫や水木しげるが早くから宗教的素材を扱っていたが、七〇年代以降、マンガ文化全体の発展とともに宗教マンガ、心霊マンガも隆盛である。[5] アニメやコンピュータ・ゲームの中でも宗教的テーマは人気がある。オカルト雑誌も次々と創刊された。少年向けのオカルト雑誌『ムー』と少女向けの占い雑誌『マイバースデイ』はともに一九七九年に創刊されているが、一九九一年四月当時の発行部数は、それぞれ三五万部と四二万部だった。

こうして現代的なメディアを通して呪術＝宗教的テーマが広められる一方、伝統的な民俗宗教のある種のものも再活性化してきた。街角の占い師に加えて、ビル内の商店街にも占いの店が登場し、その人気は二一世紀にも持ち越されている。ご利益で有名な一部の神社やお寺も盛況だ。受験が気になる暮れから二月頃にかけて天神様の境内は大にぎわいとなる。現代の子供たちは、毎日の生活の中で心霊現象や超能力や神仏の観念やイメージに接触する機会がかなり多い。

子供に限らず、こうした呪術＝宗教的大衆文化に関わる人々が、それらをどの程度真剣に受けとめているかについては簡単には答が出せない。単なる娯楽の対象として楽しんでいるにすぎない人が多いことは確かだろう。霊現象についてのマンガを愛好しながら、霊現象の実在をまったく信じていないという人もかなりいることだろう。しかし、世論調査の結果を見ると、多くの若者が霊や超能力の実在を信じ、占いにも信を置く傾向が現れていた。一九八三年のＮＨＫの調査では、「霊魂は確かに存在する」と答えた人は、一〇代で五七％、四〇代で二三％となっている。呪術＝宗教的な信念を養う上で、七〇年代以降の日本の大衆文化が大いに貢献してきたことはまちがいない。

個人主義的な「新霊性運動」

次に、私が「新霊性運動」（新霊性文化ともよぶ）とよぶものについて述べよう。(6) すでに第四章、第六章でもふれてきた事柄であるが、ここでは「宗教復興」の中で新新宗教と対比するという観点からさらに説明を加えることにしたい。これは宗教教団として明確な集団的組織形態をとることがないので、新新宗教とはいちおう区別される。しかし、マス・メディアで情報として販売され消費され、じきに忘れられていく未定形な呪術＝宗教的大衆文化と比べると、世界観としてもっと組織だっており、個々人の思想や意識的態度の形成に直接影響していくはずのものである。

この運動の目標を一言で言えば、自己自身の意識や心身をもっと自由にして本来の自分を回復し、霊的精神的に高次のものを養うということである。もっとも広く見られる考え方では、自らの意識を高いレベルに変容させ、「宇宙的意識」や「大いなる自己」に合一することを目指す。ひいては人類が新しい意識レベルへと変化していき、高次の人類へ進化していくという思想をもつ人々も少なくない。欧米でこの種の運動を「ニューエイジ」とよぶのは、新しい時代の到来を期待する運動として理解されているからである。

しかし、この運動を支持する人たちは明確な輪郭をもった集団を作って、その規範に服しお互いを束縛し合うことを好まない。ゆるやかなネットワークによって、周囲にしだいに意識の変容を広げていこうとする個人主義的な運動である。運動とよべるほどに共同のプロジェクトに参加しているという意識をもたない人も多いので、「新霊性文化」とよんだ方が適切なほどである。この運動（文化）に共鳴する人は、また「宗教」という言葉に否定的な響きを感じる。自分たちが求めているのは束縛的閉鎖的な「宗教」というより、開放的な「霊性」（spirituality）とよぶべきものだとする。

七〇年代末以降、大都市の大きな書店では、宗教書のコーナーに隣接して「精神世界（の本）」というコーナーが設置された。このコーナーは新霊性運動の存在を示す重要なシンボリックな空間となった。ここには、東西の神秘思想についての本、女優で霊性に目覚めて『アウト・オン・ア・リム』などのベストセラーを出したS・マクレーンの本、メキシコのネイティブ（先住民）の呪術師に弟子入りして修行の様子や呪術師の教えを記した本を書いたC・カスタネーダの本、夢や神話から癒しの道を探ろうとしたC・G・ユングやトランスパーソナル心理学の本、霊的世界にトリップする意識変容の世界を書いたシャーマニズムやチャネリングについての本、気功や東洋思想や神秘体験に関する本、占星術やケルトの宗教や古神道やアニミズムについての本、さまざまな瞑想法やヨーガなどの癒しと霊的成長の技法についての本、「臨死体験」など死後の世界や生まれ変わりの可能性に関する本などが置かれている。これらは新しい科学に関わるものだとして、「ニューサイエンス」が勃興していると唱える本も並んでいる。

こうした思想やそれに基づく神秘主義的個人主義的な霊性（宗教性）は東西の文明の中に長い歴史をもっており、まったく新しいものではない。しかし、七〇年代以降（アメリカでは六〇年代以降）、その流れはマス・メディアにのって急速に大衆化するとともにグローバルな同時代性を強め、新霊性運動とよべるような大きな潮流となったといえる。

〔二〕　新霊性文化を生きる人々

三つの領域の関わり

呪術＝宗教的大衆文化の興隆や新霊性運動の成長と新新宗教の発展の間には密接な関連がある。「気」、ＥＴＩ（地球外知的生命）、輪廻転生といえば、この三つの流れのいずれにも強い興味を抱く人を見出すことができるだろう。新新宗教の中にはオカルト情報の販売会社のごとくであり、不定型な呪術＝宗教的大衆文化にほんの少し味付けを加え教団組織としたようなものもある。また、瞑想や「自己への気づき」の方法を教えることに主眼があり、そのための組織は教団ではないと考えているような集団もある。

これらは新新宗教と新霊性運動の境目に位置するようなものだろう。新新宗教に関わっている人々のうちかなりの数の人々は、呪術＝宗教的大衆文化の消費者であり、また新霊性運動に関心を寄せてもいる。一方、呪術＝宗教的大衆文化に興味を示し、新霊性運動に共鳴しながら、新新宗教はうさんくさいと思っている人もある。そうした人々の考え方の典型的な例を、米山義男らが一九八〇年代後半に行ったインタビュー集『宗教時代』から拾い出し[7]、要約して紹介しよう。

A・Kさん（二二歳、女性）の話

プロフィール――「高校を卒業後、しばらくアメリカに留学。帰国してからディスコのバーテンダー、英語バージョンのビデオの翻訳などのアルバイトをやり、現在はスタイリストとライター兼業で雑誌の仕事をしている」。

中学の頃から遊び始め、しょっちゅう喧嘩や朝帰りをする生活になった。親はそれを叱りもしなかった。高二のとき、これではいけないと本を読み始め、まずラーマクリシュナの『バイブレーション』という本に出会った。そこには「人間は自分自身であればいい」みたいなことが書いてあり、「それを読んだら、すごく楽になって救われたような気になった」。

「その本の中に、いいエピソードが出てくるのよ。エート、あるとき、その人がね、町に行くために馬車の荷台に乗せてもらったんだって。そうして、ゴトゴト揺られているうちに浮き浮きした気分になってきて、歌いだしちゃったの。ね？そしたら。御者の人もいっしょに歌いだして、その人はもう町に行くことも忘れちゃって、歌をうたいながら踊って、ねり歩いちゃったの。

いいと思いません？　いいわよねえ。すっごく自然だもん。素敵に楽天的なんだもん。人間ってね、もっと楽天的に生きなきゃダメだと思うの、あたし。」

その後、断食道場の二〇日間ほどの合宿に加わり、心の落ち着きを得、腹がたたなくなるなど性格の変化を体験する。また、このとき「自分は宇宙といっしょだ」という実感も得た。「あのね、宇宙って人間のなかにもあるのよ。人間は宇宙の一部なのよ。頭を空っぽにして、自然な状態であると、人間のなかの宇宙と、外の宇宙が一致するの」。

二年前からは西野皓三のカンフー教室に通っている。ここでは西野先生が気を送ってくれ、それによって宇宙のパワーを感じとることができる。また正しい呼吸法を習い、いつでも宇宙との一体感を感じることができるようになる。自分が子供の頃から人並み以上の「気」をもっており、不思議なことがあったのが今は納得される。

セックスでもいい、ドラッグでもいい、一度エクスタシーを知ることが宇宙との一体感を知る手っとり早い方法だが、ドラッグよりも愛とかセックスの方が自然だからなおよい。「だれでも得られるって思うの、こういう感覚って。みんな気づけばいいと思う」。

彼女は「宗教」はきらいだという。「だって押しつけっぽいんだもん」「あたしは人に指図されたくない」。また、無理をしたり、ストイックな修行したりするのはムダだ。「もっと楽しんで生きて、楽天的になったほうが自然でいられると思うよ」「自然がいちばんよね。押しつけるとかしないほうがいいの」。

K・Sさん（三九歳、男性）の話

プロフィール――「五年ほど前初めてバリに旅して以来、年に平均二回のペースで足を運ぶようになった。それとともに、勤めていた商社を退社。東京の生活を引きはらって信州に引っ越した。……いまは、無農薬の野菜をつくりながら、ペンション経営を準備中だ」。

商社勤めの頃、アメリカにしょっちゅう行っていたこともあり、さまざまなドラッグを経験した。最初にバリ島に行ったのも、マジック・マッシュルームを体験したかったからだった。ところが、バリ島へ行ってふとしたことから瞑想をしている人々に接する。「そういう人が、また何ともいえないすっきりした顔をしている。これはよほど気持ちいいことをしているに違いないと、ますます興味がふくらんでいったね」。こうして関心がドラッグから瞑想へと変わっていった。

「といっても、価値観が変わったというわけじゃない。気持ちいいことをしたい、というのが生きる原則というところが僕にはあって、それが薬物的なものから、精神的にナチュラルなものに変わってきただけと思ってる」。

日本へ帰ってから、ヒンドゥー教のことを本で調べるようになる。学生時代にも柳田国男に惹かれたことがあり、民俗的な宗教文化への関心は深い。

「しかし、言葉で理解した知識というのは、それがたとえ地球ほどの大きさになったとしても、砂粒ほどの経験によって得たものにも劣るんだな、まったく。それがわかったのが、ワヤンと知り合ってからなんだよ」。

ワヤンというのは英語が話せるバリの呪術師で、来日したとき二週間いっしょに生活し、その霊感や生活態度に感銘を受けた。彼が帰国した晩、伝授された瞑想を一人で実践すると、指先がピリピリする、失神するなど初めてのことが起こった。気持ちはいいし、気分は落ち着くので、それから毎晩瞑想するようになった。一週間ほどして、バリの最高神のビジョンが見えるという神秘的な体験を得る。しばらくして今度は、すごい恍惚感に包まれる体験がある。「とにかくものすごく気持ちいいわけ。気がついてみると、身体が揺れていて、あまりの気持ちよさに口から悶え声が出てる」。

彼がバリのヒンドゥー教に共鳴する理由の一つは、それが「黒か白か、正か邪かという窮屈な考え方をしないところ」にある。日本の宗教もアニミズムの上にさまざまな宗教が習合しあってできあがっているが、バリの宗教も同様だ。仏教がヒンドゥー教を追い出したという話を表した絵がある。竜（仏教）が月（ヒンドゥー教）を飲み込んでしまうというたとえの図柄だ。ところが、竜の腹のなかで月はこうこうと光っている。勝ち負けにこだわることは無意味だという考え方だ。「いまの日本の宗教ブームには、お互いをそういう形で認め合う寛容さはないけど、バリにはある」。バリにこそ日本人の宗教の原風景がある。

新霊性運動のよるべなさ

七〇年代の後半から新新宗教に深くコミットする人々と並んで、このような考え方に立って「宗教」ではない「霊性」の追求に生きがいを求める人が増大した。オウム真理教事件以後も、新霊性運動の方は宗教教団ほどの打撃は受けていないだろう。「精神世界」のコーナーに並ぶ本の量から考えれば、八〇年代の末から九〇年代の前半にかけての時期でさえ、新霊性運動に共鳴する人の数は新新宗教に加わる人の数を上回っていたことだろう。もっと気楽に呪術＝宗教的大衆文化に関心をもっている人の数は、それらをさらに上回るだろう。人と人との絆が弱まり、個人主義的な態度が広まっていく社会環境の中では、宗教集団に所属して規律や権威に服すよりも、個人的な宗教情報の消費や霊性追求の方が自然で納得のいくものに思えるのはよく理解できる。新新宗教はそうした現代の「宗教ブーム」の中の個人主義的ないし個人消費的形態と競い合い、支え合って存在しているのだ。

第二章で指摘したように、新新宗教は現代社会における個人主義化の動きを反映するものだった。しかし、新新宗教は個人化個人主義化の状況を踏まえつつ、なお（いくらか絆の弱い個人参加型の教団においてさえ）宗教的共同体を作ろうとするものだった。今紹介してきた例のような人々の場合、宗教的共同体を作ることそのものがわずらわしいものと感じられている。宗教的権威や宗教集団の秩序の束縛を受けず、個々人の自由のままに追求できる霊性や神秘の世界が好ましいものと考えられている。このような気楽で自由で、感性と自然さを尊ぶ世界が現代の若者に好ましく感じられるのは、容易に理解できるところである。霊性と神秘の探求は、現代人の自己形成の重要な通路になっているのだ。

しかし、そこにある頼りなさの気配も漂っている。個人の私的自由に徹しようとする限り、孤独や不安や倦怠の気配は避けられない。なんらかの深刻な困難に出会ったとき、眼前にある確かなモデルに従って生活を立て直して行くこともできない。A・Kさんの例でも「宗教」を好まないとしながら、ある技法を教える「先生」に従うことによって安心を得ている様子がうかがえる。そうした霊性的技法の「先生」の指導にもあきたらないとき、教団宗教（新宗教や仏教やキリスト教）のよびかけが魅力的に感じられるかもしれない。

もしきつい失意の底に落ち込んだとき、そこに新新宗教に親しむ友人が現れたとすればどうだろうか。そこには確固たる信念の体系と高い目標を掲げた集団行動と暖かい仲間の支持がある。そしてそこには、自らが親しんできた宗教体験をさらに深めていくがっちりしたシステムが用意されているように見えるだろう。そういう世界に接したとき、自由と感性を金科玉条としてきたこれまでの生活の底に潜んでいた「空しさ」がにわかにリアルに感じられるかもしれない。事実、これはオウム真理教にひかれた多くの若者に起こったことである。

〔三〕　世界の宗教復興の中で

「自由」をめぐる葛藤

新霊性運動と新新宗教はたいへん異なる方向性をもっているようだが、一点において共通の方向性をもっている。それは近代合理主義や客観化する態度（道具的理性）に依拠する現代社会のあり方への不満と異議申し立てである。新霊性運動はその不満を個人の霊性の追求深化という方向で解決しようとする。しかし、最初は魅力的に見えたそのような道もじきに限界が見えてくる。「自由」や「自然さ」は確かに心地よいが、孤独や不確かさや空しさを代償としていることが次第にわかってくる。そのようなとき、再び、「宗教」の力を思い知らされることになる。しっかりとした思想体系をもち、生活規範と行動の秩序を提供し、信徒の共同体の中に居場所を与え、相互のケアとサポートのシステムを提供してくれる。すでに霊的宗教的な体験や価値に目覚めた個人にとって、そうした体験や価値を安定したシステムの中に位置づけてくれる宗教教団はやはり魅力的に感じられるだろう。

日本では「旧」新宗教、伝統宗教（仏教、神道、キリスト教）もそうした「根づき」の場所として機能しうるが、若者にとってはやはり新新宗教が身近に感じられるだろう。欧米では同じような境遇の若者にとって、キリスト教の保守派（福音派）やファンダメンタリストの集団がそのような「根づき」の場所として有力である。新霊性運動は意外にも新新宗教やファンダメンタリズムと背中合わせの関係にあるといってよいだろう。

しかし、新新宗教やファンダメンタリズムは、同じく近代合理主義や道具的理性への批判といっても、新霊性運動とは異なる特徴をもっている。それは世俗主義的な価値観（世俗的自由主義）への批判という特徴である。すべての新新宗教教団が等しく世俗主義批判を掲げているわけではないが、一般社会に挑戦的な傾向を示す教団はそのような特徴をもっている場合が少なくない(8)。この節では一部の新新宗教に見られるこのような特徴に注目し、世界の宗教復興という文脈の中に新新宗教を置き直してみたい。

オウム真理教が世俗主義的な価値観を建前とする一般社会に挑戦的な姿勢を示したことは記憶に新しい。多数の市民を無差別殺人にまきこんだオウム真理教事件は、誰もが予想もしなかった事柄であり、日本の宗教史上もたいへん特異な出来事だった。このような犯罪を企て実行する宗教集団はきわめて特殊な例であり、他にこれに似た教団は見当たらないと答えたくもなる。確かに市民社会のモラルを真っ向から否定し、数々の犯罪を犯そうとするような教団は他に見当たらない。しかし、一般社会との間に信頼関係を結ぶことを拒み、多数の部外者との間で長期にわたって敵対関係や関係断絶の姿勢をとり続ける教団はいくつかは存在する。いわば「内閉的」な態度をとろうとするのである。第一章で行った新新宗教の共同体のあり方に基づく類別に即していうと、「隔離型」の教団の中にそうしたものが多い。

統一教会や法の華三法行、ライフスペースやエホバの証人は内閉的な宗教教団の代表的な例である。創価学会は一九七〇年前後の言論妨害事件以来、協調的な姿勢を次第に強めてきたが、今なお猛烈な選挙活動や批判者への過剰防衛的な反応など内閉性が目立つ機会がある。創価学会が急成長をとげた一九五〇年代頃から、日本社会では「救済」を掲げて人々の団結を促す新宗教教団が内閉的になりやすく、事実、内閉的であり続ける方が勢力伸張に有利であるような環境が整い始めたと思われる。

世俗主義的価値観に挑戦する新新宗教

一九八〇年代から九〇年代にかけてその傾向はさらに強まっていった。攻撃的な姿勢をもつ新新宗教諸教団の急激な発展やオウム真理教事件は、こうした背景の中から生じたといえる。これは日本で顕著に見られたことだが、アメリカ合衆国など他の国々でも似たような現象が見られたと考えられる。本書の冒頭であげたように、一部の新宗教教団やファンダメンタリストが暴力的な行動に出たり、集団死に走ったりするような事件が、八〇年代九〇年代には世界各地で続々と起こった。世界的に「カルト」が問題にされるようになった理由の一端は、こうした事情に見出されるだろう。

内閉的な救済宗教教団（新宗教やファンダメンタリスト）は、世俗的自由主義による社会秩序を維持しようとする一般社会に対して、根深い不信感をもっている。そして一般社会の習慣やモラル感覚を逆なでするような行動に出る。エホバの証人の輸血拒否や武道授業への不参加などはその例であるが、そうした行動をとることによってすでに外部から投げかられていた批判をさらに増幅することになる。教団側はそのような批判をはねつける論理や行動パターンで身を固める。和解に向かう場合もあるが、和解よりは対決姿勢を維持した方が教団組織の防衛と拡張に有利と感じられていることが多い。そんな場合、教団の内閉化は組織拡張のためのエゴの現れと見える。しかし、少なくとも主観的には、背後に世俗的自由主義のモラル秩序への不信感が主要な動機として存在していることは理解しておく必要がある。

一方、教団が内閉化しているかどうかとは別に、教団が世俗的自由主義のモラルを正面から批判し、それを教義の重要な柱とする場合もある。たとえば日本では内閉性が目立つ統一教会は、世界各地で現代社会のセクシュアリティのあり方を道徳的堕落として厳しく批判し、若者を禁欲的な共同生活に導き、合同結婚式による「祝福」を受けることで「堕落」を克服していくことを入信説得の一つの柱としている。妊娠中絶には明確に反対の姿勢を打ち出し、アメリカ合衆国の宗教的家族主義者との連携も図っている。また、幸福の科学はマスコミが大衆の嫉妬心にこびつつ巨大な権力をふるっていることを批判し、「宗教的人格権」によってそれに対抗しようとする（第九章）。前者は無制限・無規律な欲望追求・快楽追求の自由に対する反対、後者は、無制限・無規律な言論の自由・表現の自由に対する反対と言える。

また、他の箇所ですでに触れている（第四章）が、幸福の科学は宗教教育が必要であることを力説してもいる。現代日本の学校では、人間にとってもっとも大切な「愛」や「永遠の生命」という理念が教えられていない。これは日本の精神的退廃を招いている。そもそも占領軍の意図の中にこのことが含まれており、戦後の日本に押しつけられたものだという。これは厳格な政教分離によって宗教教育を禁じている、戦後日本の世俗的自由主義体制に対する正面からの批判である。宗教教育の欠落を批判する場合、ある種の宗教的価値を強く鼓吹すべきだという立場から論をたてるのは、強硬な反世俗主義として際だったものである。

以上のように見てくると、新新宗教の中には、現代日本の世俗主義（世俗的自由主義）体制に対して、教団の内閉化という形で挑戦したり、世俗主義批判の論陣を張ったりしながら、ゆさぶりをかけていると見ることができる。このような状況は、戦後から一九六〇年代頃までの状況とは大いに様変わりしている。戦後は世俗的自由主義の枠内で、宗教的価値を広めようとする姿勢が優勢だったのに対して、七〇年代以降は宗教的価値を掲げて世俗的自由主義に対抗するという姿勢が顕著になっている。このような姿勢は新新宗教の中に見られるだけでなく、一部の既成宗教や「旧」新宗教の中にも確認でき、日本の宗教界の中に明確に「モダンへの対抗」を示そうとする姿勢が育ってきたことを示すものだろう。

世界の宗教復興勢力との同時性

現代日本の宗教界のこうした動きは、世界の宗教復興勢力の動きと並行して生じているものと見ることができる。第四章でも見たように、七〇年代以降、とりわけ八〇年代以降、世界各地で顕著になった傾向として、いわゆるファンダメンタリズムなど反世俗主義的な宗教勢力の台頭がある。ヨーロッパと北アフリカ・中近東に注目したジル・ケペルはこれを「再イスラム化、再キリスト教化、再ユダヤ化」ととらえ、北アフリカから中央アジア、南アジアに至る地域を調査したユルゲンスマイヤーは、これを「世俗的ナショナリズムから宗教的ナショナリズムへの移行」ととらえる。さらに、各地のカトリックと北米のプロテスタントを対象として論じたホセ・カサノヴァはこれを「公的宗教の復興」ととらえている。[9] しかし、いずれのとらえ方にも共通に見られるのは、一九世紀以来、とりわけ冷戦体制下で顕著だった「世俗主義」の方向性が頓挫し、社会体制や公共領域における宗教伝統の関与の度合が高まる方向へと振り子が転じたということである。

この世界的な宗教/政治関係の変容は、近代世界をリードしてきた「西洋」の政治的思想的ヘゲモニーの後退によるものである。世界全体を一つの精神的方向性によって導くかに見えた近代合理主義や、それと結びついた社会主義イデオロギーが後退し、かわって各文明圏でそのバックボーンとなる宗教伝統が自己主張を強めていく傾向と見ることができる。すなわち、(1)「合理主義から宗教へ」という動きと、(2)「西洋的普遍主義から多元的な各文明圏の自己主張へ」という動きとが相乗して生じた事態と考えられる。

前者の動きの主たる動因は、資源環境問題・人口問題・貧困問題など現代世界が合理主義的・自由主義的な価値観に従ってきて、克服できないでいる問題が重たくのしかかっているることであろう。近代科学やそれを支えてきた合理主義によってもたらされた近代文明が、必ずしも人類全体の福祉の増進に役立っていない。むしろ、一方で資源の浪費と環境の破壊を、他方で増大する貧困層と大都市における犯罪やモラル崩壊をもたらしたという認識が自明の事実として受け入れられるようになってきているということである。非先進国ではなお近代化に期待をかけるとしても、西洋的な近代化とは異なる近代化を模索するという態度が強まっている。その際、イスラム、キリスト教、仏教、ヒンドゥー教、儒教、神道、文字文明以前の宗教（アニミズム）などの宗教伝統が拠り所として浮上してくることになる。

後者については、サミュエル・ハンティントンの「文明の衝突」というとらえ方が参考になる。[10] この議論はその政治的意図や荒っぽさが批判されてきたが、そこで採用されている考え方の枠組みには、現代宗教の動向を考える上で参考になるものがある。ハンティントンによれば、冷戦後の世界の紛争の要因として、「文明の衝突」が重要になるという。主な文明圏として、西欧文明、儒教文明、日本文明、イスラム文明、ヒンドゥー文明、スラブ文明、ラテン・アメリカ文明。それに可能性としてアフリカ文明が加わり、相互に対立し合うという。旧ユーゴや中東は文明の接触による対立の激発の典型例である。なぜ、文明の衝突の危機が増すかというと、主に西洋のヘゲモニーが弱まって各文明が自己主張を強めるからだが、加えて地球が小さくなって文明の違いによる対立を意識する機会が増大したこと、文明圏を構成する各国国民の統合が弱まってきたこと、経済的地域主義が台頭してきたことなどの理由があげられる。こうしてそれぞれの文明が自らがよって立つ根拠となる宗教を強く自覚し、宗教的アイデンティティの確認に力を入れるという事態が生じているのである。

日本のナショナリズムと新新宗教

世界の宗教／政治関係をめぐる以上のような大きな動きは、東アジア、とりわけ日本にも小さくない影響を及ぼしている。日本の新新宗教や新霊性運動も宗教的なナショナリズムの動向もそうした流れの中でとらえる必要がある。ただし、その際、日本、ひいては東アジアにおける宗教／政治関係の特徴をつよく理解しておかなくてはならないだろう。

世界の他の諸地域と比べた場合、東アジアの宗教／政治関係の特徴は、文明や国民を統合する役割を果たすべき、明確な中心的救済宗教伝統が欠如しているということである。一九世紀の前半までは、東アジアは儒教を中心に諸宗教が補助者の位置に置かれるという形の国家統合を行ってきた。しかし、近代化が進むとともに儒教は国家統合の宗教としての機能を急速に失っていく。日本の場合、一九四五年までは神儒習合ともいうべき国家神道によって国家統合を保ってきたが、それも連合国の指示によって解体された。これは他の先進諸国における政教分離、非国教体制と軌を一にする変容とも見られるが、それにとどまらない大きな効果をもつ。というのは、儒教や神儒習合の国家神道は、救済宗教ではないために私的な個人の堅固な信仰を確保することができない。政治的な機能を失うと、個人の信仰として生き残ることができずに、断片的な文化伝統として拡散していってしまうからである。

現代の東アジアはこの意味で、特殊な不安を抱えた地域となる。すなわち、個々の国民や文明圏を統合する救済宗教が明確でないために、国民文化や文明圏を支える精神的基盤が不確かに感じられるということである。もちろん、東アジアにおいても個人の信仰を集める救済宗教は一定のエネルギーをもつ。韓国のキリスト教や日本の新宗教、両国の仏教はその良い例である。中国でも今、国家による統制の網をくぐってキリスト教や仏教や法輪功などの新宗教の広がりが見られる。しかしこれらの救済宗教は国民統合と直接にはつながりにくいものである。キリスト教や仏教や新宗教が並び立つ状況のもとでは、統一的な宗教文化をわけもつという連帯感が生じにくい。

とくに一九八〇年代に顕著だったが、日本のかなり広い層の人々の間で「日本人論」がまことに盛んに語られるのは、何とか共通の国民的精神基盤をもちたいという欲求の現れである（第六章）。つまり救済宗教による国民統合の欠落を、日本人論によって補おうとするものと見ることができる。このように考えると、日本で新霊性運動がたいへん盛んである理由も、そしてそれが新新宗教の発展の重要な基盤となっていることの理由も、明確な救済宗教伝統にコミットしにくい宗教伝統拡散の状況に求めることができるだろう。

オウム真理教や統一教会や幸福の科学のような強い政治的意志をもつ教団が台頭してきたことは、世界的な個人の宗教回帰、すなわち救済宗教復帰の流れに棹さす動きである。

創価学会の場合は、民主主義に対する高い評価をもち、近代的な世俗的自由主義とのイデオロギー的な対立は顕著ではなかった。ところが、八〇年代に伸張が著しい新新宗教は世俗的自由主義への正面からの批判を掲げている。統一教会系の『宗教新聞』のようにそうした反世俗主義的宗教勢力を結集しようとする試みも、成功しているかどうかは別として続けられてはいる(11)。

しかし、国民統合を可能にするような精神的基盤の欠落感は、国民の間にかなり広まっていると思われる。日本人論に見られるように古神道やアニミズムを称揚したり、東洋的アジア的なものへの回帰を主張する文化的ナショナリズムは八〇年代にたいへん盛んであった。新霊性運動とこうした文化的ナショナリズムの間にはしばしば支え合いの関係が見られる(12)。そしてそれらと緩やかな相互刺激の関係をもちながら、新新宗教の発展が見られたのだった。

一九九五年のオウム真理教事件以後、宗教に積極的に言及するナショナリズム的言説はやや下火になった。しかし、それにかわって歴史観や靖国問題など政治秩序に直接に関わるナショナリズム的言説が盛んになってきた。新新宗教の世俗主義批判の言説と、この政治的なナショナリズムとの間の連関は、二〇〇〇年代以降も大いに注目し、究明すべき論題であり続けるだろう。

注

（1）西山茂「現代の宗教運動――〈霊＝術〉系新宗教の流行と「二つの近代化」」（大村英昭・西山茂編『現代人の宗教』有斐閣、一九八八年）、国学院大学日本文化研究所編『近代化と宗教ブーム』（同朋舎、一九九〇年）。

（2）NHK放送世論調査所編『現代日本人の意識構造』（日本放送出版協会、一九七九年）、同『日本人の意識構造』（日本放送出版協会、一九八四年）、石井研士『データブック　現代日本人の宗教――戦後五〇年の宗教意識と宗教行動』（新曜社、一九九七年）。

（3）NHK放送文化研究所編『現代日本人の意識構造　第五版』（日本放送出版協会、二〇〇〇年）。

（4）この時期の重要性については、西山茂「現代宗教のゆくえ」（大村英昭・西山茂編『現代人の宗教』有斐閣、一九八八年）、同「気枯れ社会の霊術宗教――宗教的実感主義の台頭とその背景」（『思想と現代』第一三号、白石書店、一九八八年）。

（5）山中弘「マンガ文化のなかの宗教」（島薗進・石井研士編『消費される〈宗教〉』春秋社、一九九六年）。

（6）より詳しくは、島薗進『精神世界のゆくえ』（東京堂出版、一九九六年）で論じられている。

（7）米山義男編『宗教時代』（晶文社、一九八八年）。

（8）新新宗教の中には、新霊性運動と同様に世俗的自由主義への対抗という側面をもたず、個人の自由に重きをおくものもある。新新宗教のこのような側面に注目している論文に、熊田一雄「宗教心理複合運動における日本的母性の位相——GLA系諸教団の事例研究より」(『宗教と社会』第三号、一九九七年)、同「白光真宏会とジェンダー——規範からの自由について」(愛知学院大学人間文化研究所紀要『人間文化』第一五号、二〇〇〇年)がある。

(9) 第四章の注(1)～(3)参照。また、阿部美哉『現代宗教の反近代性——カルトと原理主義』(玉川大学出版部、一九九六年)はこうした論者の観点を日本の状況に照合しようとしており、本書と共通の問題意識をもつ。

(10) サミュエル・ハンティントン「文明の衝突——再現した「西欧」対「非西欧」の対立構図」(『中央公論』一九九三年八月号)、Samuel Huntington, "The Clash of Civilizations", *Foreign Affairs*, June 1993)。同『文明の衝突』(集英社、一九九八年、*The Clash of Civilizations and the Remaking of World Order*, Simon & Schuster, 1996)。

(11) この点については、島薗進「新新宗教(後期新宗教)の政治意識——世俗主義と反世俗主義のせめぎあいの中で」(『東洋学術研究』第三九巻第一号、二〇〇〇年)で資料に即して論じられている。

(12) 島薗進、前掲注(6)、第一一章。

第八章　一九七〇年から九〇年へ

新新宗教の中の時代的差異

この章では新新宗教の中の一つの有力な系譜に焦点をあわせ、「ポストモダンの新宗教」としての新新宗教の特徴を確認するとともに、新新宗教と時代相の対応関係についてさらにきめ細かく見ていくことにしよう。

本書では新新宗教という語を、一九七〇年代以降に発展した新宗教教団を広く指すものとして用いているが、時代的な側面だけを見ても、七〇年代以降の諸教団が多くの特徴を共有しているのかどうか、よく見定めておかなくてはならない。事実、七〇年代以前に基礎が築かれ、七〇年代から八〇年代の前半までの発展が目立つ教団と、八〇年代以降に基礎が築かれ、八〇年代後半以降に発展が目立った教団では、思想や実践にかなりの相違があるようにも思われる。

前者を新新宗教の第一波とよぶとすれば、後者は新新宗教の第二波とよぶこともできるだろう。[1] 前者には、阿含宗、ＧＬＡ、真光（崇教真光、世界真光文明教団）、真如苑、統一教会、エホバの証人、顕正会、浄土真宗親鸞会が、後者には、オウム真理教、幸福の科学、ワールドメイト、法の華三法行が属する。これら第一波と第二波の教団を比較してみることで、新新宗教の中での時代的変化をとらえることができるだろう。それはまた、「旧」新宗教から新新宗教への変化、近代的な新宗教からポストモダン的な新宗教への変化が、どのような側面で際だっているかを明らかにすることにも通じている。ポストモダン的な特徴は第二波において、より顕著に現れることが予想されるからである。

この章では、一九六〇年代に形成され、一九七〇年前後に急成長し、後の新新宗教に大きな影響を及ぼしたＧＬＡと、一九八六年に創立され、一九九〇年前後に急成長した幸福の科学を例として、とりわけその救済思想について論じながら、ポストモダン的な性格の推移について考察していくことにしたい。一九七〇年頃と一九九〇年頃に焦点をあわせ、両者が「近代に対抗」する仕方を比べてみるのである。幸福の科学はＧＬＡから一定の影響を受けて成立した教団であり、その教義にはＧＬＡと共有している内容が少なくない。しかし、両者が大いに異なる宗教体系を備えているのも確かである。この二教団は約二〇年の時を隔てて成立、発展しており、その宗教的世界はこの二〇年の時代の推移を反映していると見ることができるだろう。

なお、一九七〇年以後のGLA（GLA総合本部）、一九九〇年以後の幸福の科学は、それぞれに独自の発展をとげており、当時の教義や実践とは異なる内容をもつものへと変化している。(2) この章の論述は、あくまで「初期GLA」と「初期幸福の科学」についての比較であることを明記しておきたい。

［一］　初期GLAの救済思想

高橋信次とGLAの発端

GLAの創始者、高橋信次（一九二七～七六）は長野県佐久高原の貧しい農家に生まれた。(3) 陸軍幼年学校から軍隊に入り、アジア太平洋戦争では航空兵として働いた。戦後、電気関係の知識を習得して、二五歳で電子部品製造の事業を起こし、中小企業の経営者として活躍した。四〇歳に達した一九六八年、妻や妻の弟らと仏に祈りを捧げたり瞑想を行ううちに、神秘的現象を体験し、肉体とは独立した実体である魂や、魂の本体の住処である「実在界」が確かにあること、心を調和させ、愛や慈悲の心を抱くことによって、実在界の高次の存在である如来や菩薩の境地へと心を高めていくべきであることなどを悟るようになる。こうした信仰を広める団体として、六八年、東京に「神理の会」が発足し、翌年

「大宇宙神光会」、七〇年にはＧＬＡ（God Light Association）と呼称を変えている。

高橋信次は当初より、講演会などの集会と単行本によって教えを広め、急速に帰依者が増大した後も、教団の組織化は積極的には行わなかった。七六年、四八歳で病没した後、長女の高橋佳子が後継者となったが、多くの教団が派生した。高橋佳子を指導者とする本流のジーエルエー総合本部の一九九〇年末の公称信徒数は、一万二九八一人であった。これらの諸教団は高橋信次の教えをそのまま信奉するものではないが、その後も高橋信次の著作が尊ばれている教団もある。また、これらの教団には所属しておらず、個人的に彼の著作に親しんでいる人たちも多かったようであり、高橋信次の著作は八〇年代、九〇年代を通じて、大型書店には多数並べられていた。

ここでは、一九七一年から七六年の間に刊行された高橋信次の著作、とくに『心の発見』「神理篇」（七一年）「科学篇」（七一年）「現証篇」（七三年）[4]を主な資料として、この時期のＧＬＡの教えの特徴を見ていこう。

（1）霊魂の実在、および現象界と隣接する階層的異世界の実在

われわれの肉体とは別に霊魂が存在する。人の死後、霊魂（「光子体」とも呼ばれる）は肉体という容器（「肉体舟」とも呼ばれる）を離れて存続し続ける。また、われわれの慣れ

親しんでいる現実世界（現象界）は唯一の世界ではなく、現象世界に隣接してもう一つの世界、すなわち「実在界」が存在する。死後の霊魂が赴くのは、この実在界である。高橋信次に従って心を調和させていると、「霊道を開く」という体験をもつことができる。実在界へと通じる「ドーム」に魂を赴かせ、守護霊や潜在意識と交流し、過去世の記憶が甦るなどのことが起こってくる。

実在界は六つの階層構造をなしている。最高の層にあるのが「如来界」で、釈迦・イエス・モーゼという三体の「上上段階光の大指導霊」と四二三体の如来、すなわち「上段階光」の指導霊が存在している。彼らは現象界の人々を指導するとともに、また自らも修行して魂の向上に努めている。第三層は「神界」であり、哲学者や科学者のように知で悟って実在界に帰った一億数千万人の「光の天使」たちがいる。第四層が「霊界」であり、一般人より少し格の高い霊たちがおり、現象界の人々を守護している。第五層は「幽界」と呼ばれ、戦争がない調和された社会で、人々は足ることを知ってはいるが、なお現象界に近く、まだ人間世界の匂いがする。多くの人がここから現象界に修行に出ている。最下層は地獄界で、人生で不調和な想念をもった人が、死後にその想念にとりつかれたまま苦しみの生を送っている。

人間の魂は、この階層構造をもつ実在界に永遠の生をもっており、そこから現象界（この世）に修行のために生まれてくる。つまり、「転生輪廻」をくり返しているわけだが、生まれるときには過去の生の記憶は失われている。

（2）神、仏、宇宙の歴史

神とは宇宙そのものと広がりを同じくする「大意識」「大宇宙大神霊」である。この大宇宙大神霊のもとに「霊太陽」であり真のメシアであるエル・ランティーがいる。このエル・ランティーの光の分霊として、アガシャー系のイエス、カンターレ系の釈迦（仏）、モーゼ系のモーゼがいる。仏は悟った人間、すなわち神の大意識と不離一体の境涯となった人間である。人間の魂が向上すると実在界の階層を上っていって仏の悟りへと近づいていく。人間は「転生輪廻」しながら、この進化の過程をたどっていく。

三億六千五百万年前に、エル・ランティーはベータ星から地球にやってきて人類の始祖となったが、その後天上に帰った。はるか後になって文明社会が成立し、ムー大陸、アトランティス大陸などで興隆と衰滅をくり返し、現在の文明社会に至った。高橋信次は実はエル・ランティーの化身であり、またかつて仏陀として生まれた魂の再生でもある。つまり彼は真のメシアである。

（3）人生の目的としての魂の向上、心なおしによるその実現

人間が現象界に生まれてくるのは、魂を向上させるための修行の場として、現象界がふさわしいからである。この世での苦難は魂の向上に資する修行、あるいは試練なのであり、この世に生まれるとき、自ら覚悟し選びとったものである。したがって、苦難の原因は外部の誰かや何かに押しつけるべきものではなく、自らの修行のためのものとして喜んで受けとめるべきものである。

魂の向上は自らの心を正していくことによって実現できる。正しい心をもつか、間違った心をもつかは、現象界での運命にも影響を及ぼす。間違った心のあり方は、「我」への執着やものごとにとらわれることであり、欲望に引きずられることである。また、不調和な心、怒りや嫉妬や憎しみやいらいらである。こうした心をもつと不幸や悲しみが招き寄せられる。不調和な心をもつ人には地獄界の悪霊が取り憑きやすいので、不幸が増幅されやすい。

一方、正しい心とは、慈悲や愛の心であり、調和した心、偏りのない中道の心である。正しい心とそれに基づく生活や実践の規準は、「八正道」によっても示される。すなわち、正見（正しい見解・信仰）、正思惟（正しい意志・決意）、正語（正しい言語的行為）、正業（正しい身体的行為）、正命（正しい生活法）、正精進（正しい努力・勇気）、正念（正しい意識・決

意)、正定(正しい精神統一)という規準である。このような規準に基づき、絶えず自分の心のあり方を反省(禅定瞑想)することによって、心が清められていく。GLAでは、過去の生涯や日々の自己のあり方を反省し、心を清めることは、信仰者のもっとも重要な実践とされる。

心の善し悪しは、現象界での幸不幸に影響を及ぼすが、人生の目的はこの世での個人的幸福にあるのではない。現象界の人生、すなわち生老病死はすべての苦の原因であり、この世での幸せは、結局無常の中にある。実在界に本来の居場所をもつ魂の向上こそ、ゆるがぬ幸福の基盤であり、真の人生の目的である。ただし、この世では人は「ユートピア建設」という使命をもっている。調和した心を広め、調和した社会を地上に実現するために努力することである。

(4) 現代社会と他宗教への批判

現代社会のあり方は、本来の人間のあるべき姿からほど遠いものである。人々は物質主義に陥り、自己の欲望の充足に血眼になっている。地位や名誉や富の追求が人生の目標になってしまっている。地位や人種による差別がまかり通っているし、憎しみや闘争がはびこり、慈悲や愛は地を払っている。

高橋信次の現代社会批判の考え方を示す例として、『愛と憎しみを越えて』(5)という小説について簡単に述べよう。この小説では、日本人に嫁いだ台湾人女性が周囲からひどいいじめを受けたこと、その子である主人公の少年が、成人後、差別から逃れるために自己の出生を隠し、ひたすら富や権力を求めてあくどい生き方をし、かつて差別した人々への報復を果たそうとしたことなどが述べられている。病気になって意識を失った主人公が、こうした過去の自己の人生を反省し、悔い改めて清らかな心になり、周囲の人々への思いやりに目覚めるという筋書きである。物語の中に強い現代社会批判が込められているものと言える。

宗教の現状に対しても、厳しい眼差しが注がれている。現代の宗教は心の調和と正しい生活によって自らを高めていくという人間本来のあり方を育てているとはいいがたい。個々人の自己努力を求めずに、神仏に頼って幸福が得られるというような他力主義やご利益信仰がはびこっている。また、盲信、狂信に堕したり、儀礼主義、知性主義に陥ったりしている、これらどれもが、自らの努力によって魂を向上させるよう促すという宗教本来のあり方から逸脱している。

こうした現代の社会や宗教のあり方を変革していくことが、ユートピア建設の課題ということになろう。しかし、そのための具体的な方策については何も述べられていない。心の変革が宗教を変え、結局は社会も変えていくはずだという非行動主義的アプローチである。

〔二〕 幸福の科学の救済思想

大川隆法と幸福の科学の発端

幸福の科学の創始者、大川隆法（一九五六〜 ）は徳島県川島町のそれほど裕福ではない俸給生活者を父とする家庭に育った。父は思想や宗教や政治に関心が深く、キリスト教や生長の家のような宗教に関わりをもったり、共産党の地方雑誌の編集に携わったこともあった。隆法は小学校の頃から成績優秀で、東京大学法学部を卒業して、一九八一年、大手の商社トーメンに就職した。

もともと家族の影響で宗教に関心をもっていたが、就職の少し前の時期に高橋信次の本を読み、しばらくして霊道が開け、異次元の霊の言葉を筆で書いたり、語ったりすることができる、と信じるようになる。高橋信次は若い大川隆法が深い関わりをもった宗教家であることが知れよう。書き留めた「霊言」を『日蓮の霊言』『空海の霊言』『キリストの霊言』などとして刊行した後、八六年にトーメンを退社し、東京に「幸福の科学」という宗教団体を設立した。何十冊も刊行される著作が次々とベストセラーとなり、世の注目を浴びるようになる。

その後の教団の成長は急速で、一九九〇年七月には会員数七万数千人、九一年七月には一五二万人と公称するに至る。これらの数字をどのような根拠で主張したのか不明だが、この時期、最大の集会に数万人を集めることができる規模になったのは事実である。ところが九一年秋、教祖大川隆法を誹謗中傷する記事を掲載したとして、大手出版社、講談社を相手どって目立つ抗議行動を行い、かえってマスコミによる激しい攻撃を受け、マスメディアの表舞台からはやや引き下がるようになる。

大川の著作は数多いが、その基本は『太陽の法』『黄金の法』『永遠の法』の三部作(6)に述べられているとされる。その社会意識や政治意識を知る上では、『ユートピア価値革命』『フランクリー・スピーキング』などが重要であろう。また、幸福の科学の教えが要領よくまとめられている書物として、『神理用語の基礎知識100』がある。(7)以下では、これらの書物によりながら、初期の幸福の科学の救済思想を述べていく。なお、GLAと重複する内容については、相違点に力点を置いて述べていくことにする。

（1）霊魂の実在、および現象界と隣接する階層的異世界の実在

この教えはGLAと同一構造をもつ。霊魂の実在の信仰、現象世界と隣接した階層的世界があるとする信仰は同一である。現象界は三次元世界とよばれ、異世界として、四次元幽界、五次元霊界、六次元神界、七次元菩薩界、八次元如来界、九次元宇宙界があるとされる。これら四〜九次元世界はGLAの教えでは実在界の六階層に対応するものがあるが、地獄界は幽界に含まれているとされ、かわりに「宇宙界」があるところが異なる。また、一〇次元以上の世界があり、一三次元で大宇宙意識に至るが、さらに高次の神的意識もあるとされるなど知的洗練度が高まっている。

各階層世界の性格やそこにいる神霊の数や名についてもGLAと異なるものが少なくない。「霊道を開く」という実践はあったが、あまり頻繁には実践されなかったようである。かわって大川隆法主宰がさまざまな霊と交流しその霊言を語るという形で、異世界の実在の「証明」がなされてきた。

（2）神、仏、宇宙の歴史

宇宙の歴史、人類の歴史や前史などについては、GLAの教説と重なるものが多いが、より精細に描かれている。およそ一千億年前に意識存在としての神は三次元宇宙空間の創

造を意図した。まず、八百億年前に一三次元宇宙空間が作られ、一二〜一〇次元意識の創造の後、四百億年前に一三次元意識体内部にビッグ・バンが起き、三次元空間が発生した。それから太陽誕生、諸惑星誕生、地球誕生、地上生命誕生を経て、六億年前から九次元神霊の協力によって人類創造の過程が始まる。

この過程ではさまざまな星の霊が協力するが、もっとも重要なのは金星のエル・ミオーレ（エル・カンターレ）である。九次元宇宙界神霊の最高位に位置するこのエル・カンターレは人類創造の主要計画者であり、後にギリシアにヘルメスとなって、さらにインドに仏陀となって再生し、現在、大川隆法として生まれている救世主である。

他の九次元神霊は、イエス・キリスト、モーゼ、ゼウス、マヌ、孔子、ニュートン、エル・ランティ（高橋信次）、マイトレーヤ、ゾロアスターである。また、人類創造の過程で、約一億二千年前、ルシフェルの反乱によって地獄界も発生した。

一〇〇万年前からの文明をあげると、約七五万年前のゴンダアナ文明に始まり、興隆と衰滅をくり返し、ミュートラム文明、レムリア文明、ムー文明、約一万年前に大陸没落とともに消えたアトランティス文明を経て、現在の文明に至る。ムー文明は東洋文明に連なり、アトランティス文明は西洋文明に連なる。仏陀とヘルメスに代表される、この二つの文明を総合する宗教が現代日本に生まれた幸福の科学である。

（3）人生の目的としての魂の向上、心なおしによるその実現

この教えもGLAと共通点が多い。人生の目的は実在界において永遠に存続するはずの自己の魂を向上させていくことである。そのために反省と心の調和が、慈悲と愛が、あるいは中道や八正道の実践が求められねばならない。ただし、これらの日常的な倫理実践と「心なおし」は、幸福の科学では「正しき心の探究」とその具体的展開としての「四正道」として整理されている。この四正道の中に、GLAとやや異なる要素が含まれている。

四正道とは、「人間が真に幸福になるための方法論」で「愛」「知」「反省」「発展」の四つの道を指す。このうち「愛」と「反省」はGLAでも強調されていたもので、高橋信次の世界の核心に位置するものだった。それに対して「知」と「発展」はGLAではあまり説かれることがなく、幸福の科学においてとくに強調されているものである。

「知」とは「神理」についての知識を指す。幸福の科学の立場から見た正しい知識を身につけることであるが、実際には大川隆法の著作に記されているような、心の教えや霊的知識、歴史や諸宗教・思想哲学、政治経済等についての認識を深めていくことを意味する。さしあたり数多い大川隆法の著作を読みこなし、「全国統一神理学検定試験」という試験を受けることが勧められる。この神理学の知識を十分にもっていることが、六次元神界の高さの霊魂の必須条件とされる。

一方、「発展」とは反省や身辺の愛による「私的幸福」にとどまらず、高い使命観をもって「公的幸福」の実現を目指して努力すべきことである。反省によって心を清めていくだけだと、ともすれば内向的になりがちだが、それだけではなく外向的に、社会に向かって働きかけていかねばならない。東洋的な瞑想的な態度とともに、ギリシア的な明るく活動的な態度も必要とされるのである。この外向的な姿勢を引き出す考え方として「常勝思考」が勧められる。失敗や挫折と思われることがらからも必ず何かを学び、魂の糧になるものを捉えて常に前進していこうとする考え方である。

(4) ユートピア建設のビジョン

このような外向的な姿勢で社会に働きかけていこうとするとき、GLAで唱えられていた「ユートピア建設」もより具体的な指針を備えたものとなる。政治・経済・教育など社会秩序の万般にわたって、現在のあり方を変え、宗教的道徳的（幸福の科学の用語では「神理的」）な価値を重視した秩序へと「ユートピア価値革命」を押し進めていくべきであるとされる。

たとえば政治は民主主義の仕組みに徳治主義の要素を組み込むべきである。経済制度も単なる等価交換ではなく、道徳的な価値を組み込んだ価格・利子・税金制度とすべきである。教育においては、人生の目的や愛の重要性や永遠の生命といったことこそを教えるべきである。生命倫理の問題では、脳死を死と認めることに反対で、脳死批判のキャンペーンも行った。心臓停止後、時をおいて肉体を離れていく霊魂に衝撃を与えてまで、無理矢理臓器移植による延命を進めようとする現代医学への批判である。

思想や宗教や言論をめぐる争点についてはとくに関心が深く、この教団の社会的行動主義が顕著に現れている。マスコミは影響力をもつ人物を引きずり下ろすことに夢中になっている。大衆の嫉妬心に媚び、人々を魔女狩りに駆り立てている。また、マスコミの宗教に対する蔑視も問題だ。宗教に敬意をもち、尊敬すべき者は尊敬するようにマスコミを改革し、市民意識を変えていかなければならない。言論の自由は認めても唯物論を説く自由には自ずから限界があるべきであるとも主張される。

これらの論点については、第九章で近代的価値への批判という観点から、さらにつっこんで考えていくことにしたい。

〔三〕 GLAと幸福の科学の救済思想の特徴

両者の比較と時代相

GLAと幸福の科学の両教団が第一期から第三期までの新宗教と共有している特徴は多い。(a)仏教と民俗宗教の神霊信仰を主な構成要素とした習合的な宗教の系譜上に位置づけられること、(b)宇宙の総体を神（根源者）の現れと見て、宇宙に内在する力・光・生命力に信頼を寄せること、(c)人間自身も神の性質を分かち持つ者とし、神的な存在としての自覚と向上への努力を要請すること、(d)自らの心のあり方が運命を決めると見てその向上に努める「心なおし」を重視すること、(e)死者の霊、動物霊などが現世の人間の運命に影響を及ぼすとし、そのコントロールに意を用いること、(f)現存する指導者、あるいは近い過去に死亡した指導者を救済者（やその顕現）として崇拝すること、などは日本の多く（もちろんすべてではない）新宗教教団に見られる特徴である。

しかし他方、第三期までの新宗教（「旧」新宗教）とやや異なる新しい特徴も見られる。何よりも目立つ相違は、現世救済の観念がさほど鮮明ではなく、現世を越えた異世界での生にかなりの力点が置かれているという点である。

一九六〇年代までに主な発展期を迎えた「旧」新宗教でも、死後の世界、すなわち「霊界」に関心が寄せられることは少なくなかった（霊友会など。第三章参照）。しかし、それは主として、霊界の諸存在が現世の人間の運命に影響を及ぼしてくるという側面においてであった。霊界に関心が寄せられるとしても、人生の主たる目標はこの世において、幸せな共同生活をまっとうすることにあると考えられていた。病気なおしなどの現世利益が重んじられるのも、それが物質的、身体的、一時的な利得の実現であるとは見なされず、究極の救いの手近な現れと信じられたからである。現世の苦悩を現世の中で克服して至上の幸福に至るという、現世救済の観念が「旧」新宗教の救済観の主要な特徴だったわけである。

ところが、初期GLAと初期幸福の科学においては、「実在界」において魂が永遠の生をもつことが強調される。原始仏教の考え方にのっとって、この世は仮の住処であるという「無常」観が説かれる。「転生輪廻」する魂が自己向上を目指して担うべき長い長い時間がイメージされ、今の人生の短さ、はかなさが印象づけられる。幸福という言葉は人生の目標を指すものとして用いられるが、今現在の人生でのみ実現しうるものとは考えられていない。永遠の生をもつ魂の向上ということを考えれば、この世の苦難による試練もむしろ意味深いものとして受けとめるべきものだとされる。

脱現世志向が人をひきつけるのはなぜか

この脱現世志向的な要素は、家族や親族や地域共同体や仕事仲間など、現世での身近な安定した多数者の共同生活の意義が従来の新宗教と比べるとやや軽いものになっているということに関わりがある。永遠の生をもって輪廻する魂にとって、この世の人々との交わりは仮のものにすぎない。「旧」新宗教の現世救済思想に見られた、人々との元気で平和で暖かい共同生活の中に究極の救いを求めようとする希望はいく分か薄まっている。堅固でゆるぎないリアリティ（実在性）は、実在界に本拠をもつ自己の孤独な魂の中にある。

ＧＬＡや幸福の科学の世界は、他者との相互依存やもたれあい、そしてそこから生ずる葛藤や軋轢をややわずらわしく感じる内面志向的な一面をもつ人々の心情を反映している。彼らは自立や個人の責任を重んじるとともに、自らの過去をひとり静かに反省し、孤独な魂の安らぎを実感するのを好む。同じく「心なおし」を説きながら、「旧」新宗教は人間関係の中の喜びに楽観的な期待を寄せていたのに対し、ＧＬＡや幸福の科学はこの世の人間関係に厳しい眼差しを注ぎ、内なる平安に心ひかれ、永遠の魂の住処（異世界）に憧れているのである。新新宗教では「旧」新宗教と比べて、若者の参加の度合が高いのだが、これも今述べてきたことと深い関わりをもつであろう。

こうした考え方が広まってきた一つの理由は、日本社会が一定の豊かさを達成し、個々人のプライバシーが重視されるようになったということであろう。それはまた、能力主義がますます強化され、学童期からストイックな自己鍛錬の態度を身につける人々が顕著に増大してきたこととも関わりがあろう。また、近代化の過程で進歩と繁栄に期待を寄せていた人心が、この世の無限の進歩と繁栄に疑いを抱くようになったことにもよっていよう。近代的な現世志向の態度から、伝統的な救済宗教（ベラーの「宗教進化」の図式では「歴史宗教」と呼ばれる。(8)）初期ＧＬＡと初期幸福の科学の場合は原始仏教）の来世志向・脱現世志向の態度に回帰しようという精神動向が日本にも見られるわけである。ちなみに仏教的な無常観や現世否定や地獄の恐怖を説く他の新新宗教教団に、浄土真宗親鸞会やオウム真理教がある。

ＧＬＡから幸福の科学へ

以上はＧＬＡと幸福の科学に共有されている特徴であるが、次に両者の相違点について述べよう。まず、幸福の科学の実在界はＧＬＡ以上に遠く、かつ階層化の度合もはなはだしいということである。最高階層の実在界がＧＬＡでは九次元であるのに対し、幸福の科学では、一三次元、あるいはそれ以上の高次の神的意識があるとされる。実在界の存在に人間が接触できる機会もＧＬＡでは「霊道を開く」という形で多くの信徒に開かれていたが、幸福の科学では主宰、大川隆法にほぼ限定されている。また、宇宙の歴史、人類の歴史はGLAではかなりシンプルであるのに対して、幸福の科学ではたいへん複雑で、入り組んでいる。実在界が高次の知的構成度をもって描かれており、その意味でこの世の卑近なリアリティからの距離が大きい。超越界が空間的に遠いだけでなく、時間的にも「彼方のもの」としての性格を強めているのである。

心なおしのあり方については、GLAでは「旧」新宗教と同様、他者との関係をさまざまに省みつつ、その中での「調和」を求めようとしているものの、関係から離脱して実在界へと志向する方向が見え、そこに脱現世志向的な性格が現れている。幸福の科学では、他者との関係への関心が詳しく表現されることが少なくなり、「愛」や「反省」というような抽象的概念で表現されるとともに、世俗社会全体に対しては、むしろ「知」や「発展」という概念に表されているように、対抗的積極的に関与していこうとする姿勢が顕著である。

だが、両者の相違がもっとも見やすいのは、社会意識のあり方、すなわち現世の社会秩序の評価に関するものである。GLAでは富や地位や権力に基づく現世での秩序に対して疑いが投げかけられていた。富の分配の不平等や人種民族による差別が厳しい批判の対象とされ、すべての人間の尊厳と神（霊太陽）の前での平等が強調されていた。これに対して、幸福の科学では民主主義の行き過ぎと悪平等主義による道徳的秩序の崩壊が、欲望の自由の過剰や唯物主義による宗教の権威の失墜と並んで、批判の対象とされている。近代の誤った考え方に対し、伝統的な宗教性と道徳性を復興し、社会に権威と秩序を回復することを目指す新しい保守主義に通じる考え方である。祭壇に大川隆法の写真を掲げるなど、教祖崇拝を正面から掲げ、がっちりした階層構造をもつ教団組織を作ろうとしてきた点も、こうした新しい社会意識と関わりがあるであろう(9)。

GLAと幸福の科学のこうした社会意識の相違は、まずは高橋信次と大川隆法という二人の指導者の個人的な思想傾向や社会経験の違いによるものと見るべきであろう。高橋信次は差別による苦悩を体験しながら社会人となり、差別されるものや弱者への共感を重んじる傾向があった。大川隆法にもそのような経験はあったであろうが、他方、彼は東大法学部卒、大手商社マンとしての経歴を誇りもした。しかし、両者が同じ救済思想の枠組みをもちながら、一九七〇年前後と九〇年前後にそれぞれ多くの支持者を得たことを考えると、そこに日本の社会と人心の変化がいく分かは映し出されていると見ることもできよう。すなわち自由と平等のユートピアへの希望から、神的な権威と秩序の黄金時代への希望という変化である。それは一定の豊かさを実現し、人々が多くの失うべきものをもつようになった日本社会の保守主義化の傾向を示すとともに、世界の諸地域で顕著になりつつある近代的価値のある種の側面への否定の意志（ファンダメンタリズムにおいて顕著に見られる）の日本的な現れをも示している。とくに戦後の平等主義的なエートスをめぐる急激な評価の転換が反映していると思われる。

この近代的な価値への否定の意志について、次章でやや詳しく論じていくことにしよう。

注

（1）このような区別は、島薗進『オウム真理教の軌跡』（岩波ブックレット、一九九五年）で導入を試みたものである。

（2）両教団についての詳しい紹介は、沼田健哉『宗教と科学のネオパラダイム――新新宗教を中心として』（創元社、一九九五年）に見られる。なお、初期のGLAの本体はGLA総合本部へと発展しているが、他に、GLA系統の教団がいくつもある。熊田一雄「宗教心理複合運動における日本的母性の位相――GLA系諸教団の事例研究より」（『宗教と社会』第三号、一九九七年）参照。

（3）初期GLAについては、沼田健哉『現代日本の新宗教――情報化社会における神々の再生』（創元社、一九八八年）の叙述も有益である。

（4）高橋信次『心の発見　神理篇』（三宝出版、一九七一年）、同『心の発見　科学篇』（三宝出版、一九七一年）、同『心の発見　現証篇』（三宝出版、一九七三年）。

(5) 高橋信次『愛は憎しみを越えて』(三宝出版、一九七三年)。

(6) 大川隆法『太陽の法』(土屋書店、一九八七年)、同『黄金の法』(土屋書店、一九八七年)、同『永遠の法』(土屋書店、一九八七年)。これらの著作は、後に部分的な改訂を加えられる。ここでは初期の幸福の科学に焦点を合わせるという主旨から、改訂以前の旧版に即して叙述する。

(7) 大川隆法『ユートピア価値革命』(土屋書店、一九八九年)、同『フランクリー・スピーキング』(幸福の科学出版、一九九三年)、同『神理用語の基礎知識100』(幸福の科学出版、一九九〇年)。

(8) ロバート・N・ベラー「宗教の進化」(『社会変革と宗教倫理』未来社、一九七三年、Robert N. Bellah, "Religious Evolution" *Annual Sociological Review* 29, 1964)。また、歴史宗教と新宗教の関係については、島薗進『現代救済宗教論』(青弓社、一九九二年)参照。

(9) この点については、次の稿でも論じられている。島薗進「新宗教の大衆自立思想と権威主義」(『歴史評論』第五〇九号、一九九二年。後、島薗進編『何のための〈宗教〉か?――現代宗教の抑圧と自由』(青弓社、一九九四年)に所収。

第九章　近代的価値に抗して

［一］「旧」新宗教から新新宗教へ

新宗教の価値観の変容

新宗教史上、新新宗教として位置づけられるような教団の中に「カルト教団」などとよばれるものが少なくないことは前にもふれた。確かに、新新宗教には市民や一般社会との間にトラブルを起こすものが多いといってよいだろう。そのトラブルの中には、世俗社会の価値規範に正面から挑戦しているからではないかと見えるものがある。現代社会が前提としている近代的な価値や規範に対して、それを十分に意識した上で、そのある側面に対抗し、異なる価値規範を提示しようとする姿勢である。

このような姿勢は戦後の新宗教の中で優勢であった近代的な価値を基本的には是とする

姿勢と異なっている。戦後の新宗教は合理化、ヒューマニズム、基本的人権といった用語を歓迎する場合が多かった。ここでは創価学会に次ぐ勢力をもつ宗教教団である立正佼成会を例にとってみよう。一九六〇年頃、すなわち教義や教団組織を確立していく時期の立正佼成会では、法華経が示す真理と普遍的な価値（実は近代的な価値であるのかもしれない）とが合致するものであることが当然のこととして前提とされていた。たとえば、創始者である庭野日敬（一九〇六〜九九）の主著、『法華経の新しい解釈』（一九六一年）の冒頭には次のような一節がある。[1]

釈尊は、神がかりになって一般の人に理解できないような神秘的なことをいいだされたものでもなければ、ひとりよがりの考えを押しつけられたものでもありません。釈尊は、「この世界とはどんなものか。人間とはどんなものか。だから、人間はこの世にどう生くべきであるか。人間どうしの社会はどうあらねばならないか」ということなどについて、長い間考えて考えぬき、そして「いつでも」「どこでも」「だれにも」当てはまる「普遍の真理」に達せられたのです。「いつでも、どこでも、だれにも当てはまること」が、そうむずかしいものであるはずはありません。たとえば、「一を三つに分けたものは三分の一である」ということのように、だれにも理解できることなのです。「これを拝めばかならず病気が治る」というような、理性ではわからない、ただ信ずるほかはない教えとは、まるっきりちがうのです。（一二ページ）

合理主義、自由主義、ヒューマニズムではなく

仏教とは人間の理性に合致した合理的な真理を説いたものだ。また釈尊は「徹底した自由主義」の人でもあった。教えを強制するようなことはけっしてなく、教団の運営も皆が自主的に行うに任せていた。権威を示して統率するようなことはなく、忠告者として信徒集団の自主性に任せようとした。地方地方の受けとめ方がそれぞれ多様であっても、それを一つの方向に束ねるというようなことはしなかった。そしてそれはまた「人間主義の教え」でもある。平凡な市民（庶民・民衆）の人間性を尊び、誰しもが実践できる生活に即した真理なのである。

「法華経」は、その内容が尊いのです。その精神が尊いのです。そして、教えを実行することが尊いのです。その教えを理解し、信じ、実行することによって、普通の社会生活をいとなみながらも、いろいろな悩みや苦しみにとらわれない心境に近づいてゆく。人と人とがなかよくし、人のためにつくさねばいられないような気持になっ

てゆく。たとえ一日のうちの数時間でもそういった気持になってくれば、その人の健康も環境も自然に変わってくる――それがほんとうの救いなのです。世界じゅうの人間みんなが、そんな気持になり、みんなが平和に、幸せにくらしてゆくようになる――それが「法華経」の窮極の理想であり、願いなのです。

まことに、「法華経」は「人間尊重」の教えであり、「人類平和」の教えです。一言にしていえば、人間主義（ヒューマニズム）の教えなのです。日蓮聖人入滅後まさに七百年、いまこそわたしたちはこの教えの神髄にたちかえって、自分自身のため、家族のため、人のため、世の中のために、よりよい生活を築いていこうではありませんか。

（二七～二八ページ）

庭野日敬は創価学会三代会長の池田大作とならんで、とくに合理主義やヒューマニズムや自由について語ることを好んだ新宗教指導者として際だっている。他の多くの新宗教がいずれもこのように近代主義的な方向を強く押し出したというわけではない。しかし、戦後の新宗教の中に、拡散した形ではあれ、このような方向性が広く見られたというのも事実であろう。ところが一九七〇年頃からこれに対立するような傾向が現れ始め、次第にその傾向が目立ってくる。「自由」に代表されるような近代的な価値を疑ったり、否定したりするような動きが次第に目立つようになってくる。新新宗教の中にそうした「近代への疑い」を語ったり、行動で示したりする教団が増えてくるのである。少なくとも一九九五年のオウム事件に至るまで、そのような変化が確かに生じていた。

たとえば、新新宗教教団に「洗脳」や「マインドコントロール」という批判が加えられるのは、それが個人の自己決定や自律を奪う、つまりは個人の自由や人権を否定するものと見られているからである。それに対して、宗教教団側はそれを宗教的な訓練や献身にとって当然、求められるものとする。世俗社会側の自由や人権の要求が、人間に求められている宗教的な規範にそぐわないものと見るのである。

内閉化と世俗主義的価値の批判

このような「自由」をめぐる対立に関わって、新新宗教とよばれるような宗教集団にしばしば見られる特徴を二点に整理して考えていこう。

一つは宗教集団の内閉化とよべるような特徴である。一般社会とのより明白な断絶、敵対ないし関係拒絶を志向する傾向が増えた。「自由」の語と結びつく、多元性や多様性、あるいは表現の自由や情報への無制限のアクセスといった価値に対して、集団を閉じ、メンバーと外界の間に厚い壁をもうけて内の統一性を守り、むしろ攻勢的に外部に打って出るといった姿勢をとるのである。一般社会では、異質な価値や多様な情報の間で迷ったり、対立しあったり、他者の意思を恐れたり不安に思ったり、受け入れられないという思いに苦しんだりしなければならないことが多い。そうした孤独や不安や混沌から離れ、単一の価値観や世界観、そして等質な感情の響き合いにおおわれた生活、つまりは仲間だけからなる空間を作り、単純に敵である外部と対決するという傾向が強まってきた。

宗教集団が外部環境から自らを隔離するということは、歴史上さまざまにあった。近代化の途上でも、確かにそのような宗教集団は生み出されていった。しかし、その場合、従来ならば壁をもうけ隔離されてしまえば、孤立した小集団に留まらざるをえなかった。アメリカ合衆国で生き延びたアーミッシュ（プロテスタントの再洗礼派の流れをくみヨーロッパから移住した）に見られるように[2]、電気や自動車やカメラを含めて近代文明を支える技術や制度を徹底的に拒否し、それ以前の生活スタイルに固執する場合、新たに信徒を獲得し、勢力を拡充していく可能性はほとんどなかった。ところが二〇世紀の後半、都市への人口集中がますます強まる中で、外部社会との壁を作ることによってかえって成長発展のエネルギーが高まり、また勢力拡大が可能になるという例が目立つようになってきた。内閉化が宗教集団の実際的な利益を促進する状況があるらしいのである。

もう一つは世俗主義的自由や平等の価値への批判ということである。教団が公然と近代的世俗主義的な価値や規範に挑戦していくという姿勢が目立つようになっている。戦後の一般社会で優位にあった近代的な諸価値のある種のものに対して正面から挑戦していくということである。自由という側面から述べると、欲望追求の自由、性の自由、思想・表現の自由の過剰などが問題にされることが多くなった。かつての社会で人間を抑圧していた合理性を欠いた規範や差別からの自由・解放を追求するという姿勢があまり見られなくなり、むしろ野放しにされてしまった悪しき欲望や悪しき自由が強く意識され、それらに制限を加えるべきだと主張される。一般社会がそれらを放置し、何ら対抗措置を講じていないことを憂え、宗教的な価値による制限を課そうとするのである。

また、個々人の人権や平等の主張に対して、陰に陽に批判するという姿勢が目立つようにもなっている。社会制度の面では、富や力の公正な配分という価値への配慮は乏しく、競争の自由、市場の自由に対しては肯定的である。能力主義による階層化は受け入れ、むしろ宗教的な価値と組み合わされた権威秩序の強化が求められる。信教の自由は強く主張するが、公的領域が非宗教的価値におおわれていることに対しては批判的である。人権の追求や弱者支援に関わるような社会活動に対してはあまり関心を示すことがなく、ヒューマニズムや市民の連帯や横の結合の拡充といった事柄に冷淡である。戦後に発展した創価学会や新日本宗教団体連合会（新宗連）の諸団体が、平和運動や貧窮地域への支援などに多くのエネルギーを投入しているのに対して、新新宗教でそのような活動に熱心に取り組んでいるものはたいへん少ない。

この二つの特徴、宗教集団の内閉化と世俗主義的価値への批判について、具体的な実例に即して説明を加えたい。エホバの証人と幸福の科学を取り上げ、それぞれの教団が二つの特徴のそれぞれをどう示しているかについて考察する。二つの特徴はさしあたり別個のものであり、相関しあうとは限らない。オウム真理教の場合は、両者の特徴をともに備えていたが、エホバの証人は第一の特徴、幸福の科学は第二の特徴において際だっている。同じく近代的価値に抗する姿勢を示しながらも、やや異なる方向に打開の可能性を見ているといえるだろう。

[二] エホバの証人と宗教集団の内閉化

エホバの証人の発展

エホバの証人(ものみの塔)は一八七〇年代にアメリカ合衆国で成立した。堕落した世の終わりとキリストの再臨に希望を託す千年王国主義的な運動、終末待望の運動である。(3)一九世紀以降、現在に至るアメリカで、多くの千年王国主義的なプロテスタントの運動が発生してきた中で、エホバの証人に特徴的なことは、正統的なキリスト教からの逸脱がはなはだしく、他の諸教派からの距離感がきわめて大きいということである。また、長期にわたって「世の終わりの切迫」の教えを保ち続け、そのために孤立をいとわないという姿勢が保たれ、むしろ強化されてきたことである。

リチャード・ニーバーが論じたように、アメリカのプロテスタント諸教派は、初期には一般社会と厳しく対峙するラディカルな教えをもっていたものの、やがて融和の姿勢を強め、正統キリスト教との差異が薄れていくものが多かった(4)。この一般論にとって、エホバの証人はもっとも際だった例外である。一般社会と厳しい対立関係にありながら、にもかかわらず著しい成長をとげてきたのである。しかも近年の教勢発展がたいへん目立つ。厳しい迫害の歴史を経てきたが、とりわけ第一次世界大戦中には戦争への不参加などで一般社会との亀裂が深まり、孤立を強めることとなった。だが、その孤立が弱体化にはつながらなかったようだ。むしろ、第二次世界大戦前後から急速な成長をとげ、二〇世紀後半の拡大は顕著なものがある。世界の「伝道者」の総数は、一九三八年に五万九〇四七人、四九年に三一万七八七七人であったが、九三年には四二八万九七三七人、二〇〇〇年には六〇三万五五六四人と報告されている。

日本では一九二六年に「灯台社」の日本支部として発足していたが、徴兵忌避により抑圧を受け、一九三九年に警察の手入れを受け、いったん活動がとぎれた。戦後、再スタートして徐々に教勢を伸ばしたが、急速な発展は一九七〇年代以降のことである。日本の「伝道者」数は、一九六五年に三六九三人、七五年に三万二九四人、八五年に九万七八二三人、九二年に一六万五八二三人、二〇〇〇年に二二万一三六四人と報告されている。アメリカ、ブラジル、メキシコ、ナイジェリア、イタリアについで世界第六位の伝道者数を擁するに至っている。第一章でも述べたように、長い歴史をもっているが七〇年代以降の発展がはなはだしいので、日本では新新宗教に数え入れてよいと私は見なしている。なお、ここで「伝道者」とよばれるのは一定の伝道活動を義務づけられている、たいへん熱心な信徒のことであり、他の教団が「信徒数」として公称するものよりかなり控え目な数と見てよい。

一般社会との疎隔と対立

エホバの証人も新聞の社会面に多くの話題を提供してきている。一般社会との間に軋轢が生じるのだが、それは市民的な共同生活への参加を退け、あえて異なる価値規範を立て、それに従うことを求めることによる。(5) 輸血拒否はその典型である。エホバの証人はそれを聖書が命ずることと主張するが、他のほとんどのキリスト教教派はそのような解釈はできないと考えているものである。一九八五年に川崎市の一〇歳の少年が交通事故にあい、両親が輸血を拒否して死亡するという出来事があり、大きな話題となった。医師にとってはきわめて不本意なことであるし、親が子供の生死を左右できるのか、子供の意思はどうだったのかといったことが問われた。

学校で剣道や柔道など武道の授業への参加を拒むということもトラブルの原因となる。単位を認めないといった措置をとろうとすれば、信仰に基づく行動を許さないことになるからである。強固な平和主義がトラブルを生んだアメリカで、他者への攻撃を慎むというエホバの証人の頑固な姿勢が確立し、日本ではこのような問題を引き起こすに至った。また、国家や校歌や応援歌を歌わない、あるいは乾杯・万歳・おめでとうなどのあいさつをしないですます、誕生日・母の日・クリスマスなどのお祝いには参加しない――これらは信仰に基づく偶像崇拝の拒否の徹底によるものである。国政選挙や学級委員の投票にも加わらず、PTAの役員にもならないという姿勢を貫く信徒も多い。さらに、もっと広い心構えとして、信徒以外の人々と深くつきあうことも掟に反するとされている。

このような態度をとれば、一般社会との人間的な絆が薄れていくのは当然であるが、それこそ信仰者にふさわしい生活のあり方と考えられている。聖書の命じている規範と現在の社会的な規範とが相異すると考え、あえてその相異を際だたせるような行き方をとるのである。一般社会と共有される価値や規範ももちろんあるのだが、共有されない価値や規範がとくに強調され、分離が促進されるような構造になっている。それによって、外部の世界は悪にまみれており、外部者とつきあいを深めれば、信仰者がその悪に染まってしまうという信念が強化されていくことになる。清らかな内部と汚れた外部の対照が世界観に深く植えつけられていく（終章参照）。

強い内部結束を支えるのに貢献しているもう一つの実践システムは、信仰伝道活動への献身である。戸別訪問や聖書の勉強会による伝道義務がたいへん重んじられている。入信当初は「研究生」とよばれ、聖書を学ぶ者という資格で教団との関わりをもつ。熱心な信仰者による頻繁な接触を通じて、教団になじみを深め、「伝道者」になるよう促される。半年から二、三年の勉強を経て伝道者になるのがふつうとされる。「伝道者」には「補助開拓者」「正規開拓者」「特別開拓者」という三つの段階があり、一番多い「正規開拓者」の場合、月に九〇時間を伝道に捧げなければならない（「補助開拓者」は六〇時間、「特別開拓者」は一四〇時間）。一日に平均して三時間ということになるから、容易なことではない。世俗的な家族生活や職業生活に大きな支障をきたすことになる。伝道活動ができるためにある種の職業を選ばなければならないということも生じる。

その他に多くの集会があり、それらに出席しなければならない。近隣に「王国会館」という施設があり、週三回、日曜日以外は夜間に集会がある。しかも子供を連れて出席しなければならない。そうなると子供を通じての一般社会との接触も限定されてくる。また子供自身もエホバの証人の仲間との親しみがとくに深くなり、外部の子供仲間とは疎隔が生じることになる。その上、子供に高等教育を受けることを勧めない。子供の世俗社会での活動の範囲を狭める方向で、具体的な生活スタイルが組み立てられていくわけである。家族の中にエホバの証人でない者がある場合、家族の内の対立・亀裂を深めることをいとわず、むしろやむをえざることとして促しさえする。信仰の秩序から離れようとする限りでは、家族生活さえ犠牲にされていると批判されるゆえんである。ある意味で「出家」を促しているわけで、特異な「出家」のパターンを編み出したということもできよう。

隔離型教団の内閉性

このようなエホバの証人の集団維持のあり方は、新新宗教のある種の教団に見られるものと軌を一にしている。第一章で新新宗教の組織構成のあり方を、「隔離型」「個人参加型」「中間型」の三つの類型に分けたが、エホバの証人は隔離型の教団のよい例ということになる。共同生活の空間を別個に作り、多くの人々がそこに住み込むことによって、一般社会との関係を断つという形がもっともわかりやすい。そのような形をとらない場合でも、教団独自の経済組織が張りめぐらされ、仕事の場でも家族の場でも同じ信仰をもつ人としか顔を合わさないといった形もある。オウム真理教、統一教会、山岸会（幸福会ヤマギシ会）などでそうした傾向が顕著である。エホバの証人の場合は、共同生活空間を作ったり、経済組織体を発達させることはないが、独自の日常実践のシステムによって似たような効果をあげている。

このような隔離型の教団は、一般社会との接触を極小化しようとしているようだが、新しい信徒のリクルートや資金資源の獲得には熱心で、そうした拡充膨張から生じる対立をいとわないものもある。このためいくつかの教団は外界からも非難と敵意を浴びるようになり、ますます内にこもり、その頑なな姿勢を際だたせることになる。内にこもりながら集団の拡充のための行動には積極的で、時にはあたかも戦車のごとく鎧に身を固めひたすら前進を続けるマシンのように見える。このように外界とのコミュニケーションを拒み、攻撃的な関わりを持続させるという特徴を第七章では内閉的という語で示した。

内閉的な教団の特徴の一つは、内部での組織的な一致団結がたいへん強固で、きわめて効率的で軍隊的といってもよいような集団行動をとることができることである。命令系統が確立しており、一元的な指揮系統にそって自己拡充の行動が遂行され、いつの間にかその体系の中に織り込まれることに安堵を覚えるように仕向けられ、逸脱は静かに排除されていく。過去にあった宗教的隔離のパターンとは異なる、「組織の時代」「群衆（大衆）の時代」としての現代に特有の集団秩序のパターンである。こうした攻撃的な組織された群衆的集団の性格を内閉的という語の意味に含めたい。

こうした集団では、信仰によって服従が義務づけられているとともに、数多くの人々が行動、感情、意見を一致させ、そのことによる昂揚感をもっている。批判の自由、自由な討議、多様な提案などは慎まれる。内部の葛藤が極小化され、目標に向けて迅速かつ効率的な行動をとることができる。外部から見ると、それは巨大な布教マシンか、全体主義的な軍隊や高度に訓練された業務遂行組織のように見える。内部の人々はそれを信仰による自己更新と力の充溢と感じており、自らの攻撃性に無自覚である。また、そうした教団に属した人々は次第に組織への依存を強いられていくことになり、集団から離れた独立行動が苦手となっていく。事実、多くの資源と時間を教団に注ぎ込んでしまっており、一般社会で独立して生き直すための力と意欲とを奮い立たせる余地が乏しくなってしまっている。そこからまた脱退者の悲劇という事態も生じてくる。

さらにこうした内閉的教団に伴いがちな特徴として、一般社会の人々への敵意や無関心がある。そもそも宗教集団が一般社会の関心を超越したところに関心を集中させ、同じ関心をもつ者同士の間に強い連帯感を生じさせるのは当然かもしれない。しかし、他方で現世の苦悩や悲しみに熱い共感（愛や慈悲）を注ぐよう促すことも少なくない。ところが内閉的な教団では、そのような外部への人間的配慮や共感が、むしろ外部の資源を取り込み、自らが膨張していくための手段となっているように映る。連帯感はひたすら忠誠心豊かな内部者のみに限定されていくことになる。したがって外部からは教団利己主義、組織エゴと感じられ、一般社会の人々を拒絶する人たちの集まりと見られがちになる。

〔三〕 幸福の科学と世俗主義的価値の批判

幸福の科学の対外攻勢

次に大川隆法が創始した幸福の科学を例にとり、世俗主義的な価値への批判について見ていきたい。前章ではこの教団をいくつかの類似点をもつ初期のＧＬＡと比べ、その救済思想の特徴をまとめたが、ここでは社会観倫理観や一般社会との緊張関係のあり方について述べていくことになる。ここでもオウム真理教事件以前の一九八〇年代末から一九九〇年代の前半にかけての時期を主な対象とする。

幸福の科学は一九八六年に設立され、当初は一般社会との葛藤の少ない教団と見なされていた。教義の特徴の一つは、心なおしや道徳的成長を促し、現世利益や癒しにあまり関心を向けないという点にあった。また、創始者である大川隆法の著作を読み、個々の信徒がそれぞれに人格向上を図るべきものと説かれ、個々の信徒の自由が強調されているのも特徴的だった。霊感商法（欺瞞献金）や強制勧誘などとは遠く隔たった教団と見なされており、「カルト」にあたるようなトラブル教団として話題になることはなさそうだった。

ところが一九八九年から九一年、とりわけ湾岸戦争の時期に急成長をとげ、この時期から社会的な主張を表に立て、変革的、攻撃的な側面が表面化するようになってきた。教祖が著した著作を販売することと講演会を行うことが布教の主な手だてであったが、その宣伝を華やかに行い、新聞に全面広告を出したり、宣伝カーを走らせたり、アドバルーンをあげたりするようになった。やがて、東大の安田講堂前や東京ドームでたくさんの参加者を集め、たいへん目立つ集会を開くようになる。広告会社と提携して、マスコミ関係者や学者らを多数招待し、レーザー光線ショーを行うなど、きらびやかな演出の祭典を行う。信徒数の増大を誇示し、大川隆法主宰は自らが今後の社会を導く使命を負った存在だと名乗りをあげ、いわば挑発的な姿勢を示すに至った。

この過程で多くの批判も浴びせられるようになる。週刊誌による批判記事、攻撃記事に始まり、組織的な教義批判を行う書物まで登場する。幸福の科学側の反撃も強まる。こうした「戦い」のクライマックスとして、一九九一年九月、いわゆる「フライデー事件」が起こった。週刊誌『フライデー』や他の講談社発行の雑誌で多くの攻撃記事が掲載され、幸福の科学は講談社に対して、大衆動員的な抗議行動を行った。会社に対して信徒からの大量のファックスが送られ、集会やデモ行進がなされ、多くの訴訟が起こされた。それがまた、たくさんの批判をよぶことにもなった。

マスコミ批判の論理

これ以後、幸福の科学をめぐる規模の大きな紛争は起こっていない。しかし、幸福の科学はその後も書物の刊行・配付を中心に勢力を誇示するような布教を続けている。また、宗教的な内容よりも社会問題や政治問題への発言に力点がある月刊『リバティー』誌を書店経由で流通させるなどして、一般社会に自らの主張をぶつけることに多くの力を費やしている。脳死反対、ヘアヌード写真反対、他教団批判、当面の政策の検討など、教団の社会的・政治的・思想的・倫理的主張を広く世間に訴え続けている。

これらの主張は多岐にわたるが、一九八〇年代末から一九九〇年代前半の時期にしぼってその特徴を集約すると「世俗主義的な価値の批判」といえるだろう。中でもマスコミ批判は重要である。フライデー事件で出版社との対立が目立つようになったが、それ以前から大川隆法はマスコミ批判の主張を行っており、この教団の価値意識がそこによく表現されていた。幸福の科学的な「世直し」の思想があり、それがマスコミ批判に顕著に現れている。

『アラーの大警告』という本は、一九九一年の一月、フライデー事件よりも半年以上も前に出ていたものである。その後、この本は高橋信次の霊言を伝えたものであって、幸福の科学の主張そのものではないとされるようになったが、当時は強い影響力をもった書物である。その中でかなりの長文にわたりマスコミ批判が行われている。九三年の『ダイナマイト思考』をも参照しつつ、その内容を要約すると次のようになる。(6)

〈マスコミは今や専制権力のごときものとなり、一方的な考えを人々に押しつけようとしている。表現の自由というが、自らの言動に責任を取ろうという姿勢がマスコミには欠けている。マスコミはある種の正義感にかられて行動しているけれども、それは確かな価値基準に基づくものではなく、偶像崇拝や盲目的信仰のようなものだ。とりわけ、尊敬されている指導者や影響力のある人たちを批判し、引きずり降ろすことに力を注いでいる。特定の対象に批判を集中させるやり方は魔女狩りに似ている。そもそもマスコミ自体が多くの人々に影響を及ぼそうとしており、一つの新宗教ともいえる。ただ、マスコミには偉大な者、尊敬すべきものを尊ばず、大衆の嫉妬心におもねる性格がある。マス・デモクラシーを志向し、数中心の考え方になりがちである。愛や反省を重んじる信仰心と真っ向から対立するものである〉。

「宗教的人格権」をめぐって

フライデー事件のきっかけは、週刊『フライデー』誌の九一年八月二三・三〇日合併号に、ある「相談室」を開いていた人物が、かつて若い大川隆法がノイローゼの相談に来たと語ったという記事が掲載されたことに端を発する。幸福の科学側は「講談社フライデー全国被害者の会」(会員三千人)を結成して訴訟を起こした。講談社社長の野間佐和子、『フライデー』編集長、ジャーナリストの早川和廣、宗教学者の島田裕巳らを相手どって、原告一人あたり百万円、合計三〇億円近い損害賠償の請求訴訟を起こしたのである。

これは単に大川隆法という指導者が個人的に誹謗された、中傷されたということに対する抗議ではなく、背後にマスコミを批判して世直しを実現したいという動機をもったものであることを理解する必要がある。この訴訟の目的について有力信徒らが語った『宗教の反撃』(一九九三年)は、そうした動機を明らかにしようとした書物である(7)。すなわち、この訴訟は「精神的公害訴訟」と位置づけることができ、「宗教的人格権」に対する侵害の罪を問うものだという。「宗教的人格権」は一九七九年に山口地裁で、八八年に最高裁で判決が出た自衛官護国神社合祀訴訟を踏まえている。そこで取り上げられた宗教的人格権の概念を、異なる文脈に適用しようということである。

「静謐な環境のもとで宗教生活を送るべき法的利益」というのが自衛官合祀訴訟での宗教的人格権の定義であるが、それに対して「宗教上の領域における心の静謐の利益」、具体的には「自ら帰依する宗教団体およびその信仰の対象たるご本尊を、いきすぎた誹謗中傷の言論で傷つけられて心の静謐を乱されることのない利益」であると言いかえている。ここでは言論の自由の限界が問われていると、正面から述べている。つまり、宗教の権利・信仰の権利と表現の自由・言論の自由が対立することがあり、宗教批判の自由には限界があるのだという主張である。

加えて、戦後の宗教に関する法的状況が、宗教を不当に低い地位に置いてきたとも論じている。したがってこれは宗教の復権のための闘争、新しい宗教の時代を切り開くための闘争であるという。また、日本だけの問題なのではなく、世界的にもそういう問題が起こっている。世界各地で「神冒瀆罪」が問われているのではないかとし、イスラム圏にふれ、サルマン・ラシュディの『悪魔の詩』の事件にも言及している。アメリカ合衆国でも州によってそのような法律があるし、イギリスやドイツにもそのような法的規定がある。幸福の科学の主張はけっして孤立したものではないと述べている。

世直しの構想

マスコミ批判の背後には世直しの動機があると述べたが、続いて『ユートピア価値革命』（一九八九年）などに示されている初期の幸福の科学の世直しの構想について紹介しよう[8]。それによると幸福の科学の運動は、単に個人が救われればよいという個人救済の運動ではない。社会に積極的に働きかけていく運動なのだという。新しい価値を一般社会に対して主張していく、そういう要素がこの運動の特徴であり、つまり新しいユートピアを作る運動であるとする。新しい文明を担っていく責任が現代人にはあると主張し、そのための構想を次々と示していく。

宗教を重んじることが新しい文明の核心である。そのためには戦後の政教分離体制は改められなければならない。政教分離体制は戦勝国側が日本を弱体化するという意図を隠し持って押しつけられたものだったという。欧米諸国にとって日本の脅威の原因は日本の精神性にあったから、日本の精神性を弱めることをねらったのだ。国民の側は戦争はいやだというアレルギーや軍国主義に対する反発から、唯々諾々戦勝国の方針に従ってしまった。国家の特定宗教に対する支持の排除ということは、それだけで誤ったものとはいえないが、それが宗教そのものの否定ということにつながってしまった。これによって戦勝国の意図が生きることになってしまった。今は信教の自由ということを、宗教を自由に発展させることとして受けとめるべきだと主張する。

政治については、現状は衆愚政治に堕しているとして批判し、徳治主義の要素を取り入れなければならないという。経済については、価格・利息・税金などを現在のような形式的平等に基づくものにしておいてはならないという。宗教的な価値、道徳的な価値を反映した価格制度・税金・利息を考えなければいけない。たとえば、精神的な価値の高い商品は付加価値があるわけだから、値段が高くなるべきだという。家族については、女性が高い社会的地位につくのを推進することには反対である。女性の魂は補助者たるべく作られている。女性は家庭的であるべきだという。

教育については、今の学校制度の中では、人間にとって一番大切なものが教えられていない。それは宗教的価値である。次のような根本的な真理こそ、まず教えられるべきだ——「愛なき人生は不毛である」ということ。「人間は永遠の生命を生きている」ということ。「他の人々に奉仕するような生涯を送るべきだ」ということ。さらに生命倫理についても、脳死段階での臓器移植はするべきではないと明確な主張を打ち出している。まだ霊魂がからだに宿っている段階で暴力的な措置を行うことは、死者の魂にひどいショックを与えることになるという。

これらの世直し構想に含まれる近代的価値への批判は、次の二点に集約されるだろう。

まず、宗教的・道徳的価値を軽視して混乱とアナーキーを招き寄せてしまっているということに対する批判である。もう一つは嫉妬に基づくものとして平等主義をとらえ、階層的な秩序の再建を求めることである。精神的価値を見失ってしまった故に、差異化の必然性が理解できなくなってしまっている。それが誤った自由の過剰をもたらしているという。

[四] 新新宗教と「反近代」の変容

「反近代」のモメントの変容

幸福の科学が新新宗教による近代的価値への批判のあり方の典型だというわけではない。これは一つの例にすぎないのだが、ここにポストモダン的な近代批判という点でこの時期の時代相が如実に表現されているのも確かだろう。かつての新宗教の中にも、西洋的近代への批判や唯物思想批判を唱えるものが少なくなかった。大本教はその代表的な例である。しかし同じく近代批判、唯物思想批判といっても、その意味が相当に異なってきている。大本教では「われよし」の態度が告発の主たるターゲットであり、相互扶助精神の崩壊を招く利己主義、私利追求主義が厳しくとがめられた(9)。そこではヨコの連帯の意識が基礎にあり、それを脅かすものに批判が向けられた。新新宗教においてはヨコの連帯の意識は薄く、タテの秩序を回復することに力点が置かれている。資本主義的な自由競争を是認しつつ、差異に基づく階層的秩序を再建し、悪平等がもたらす混乱に対処しようとするのである。宗教はヨコの連帯や苦悩への共感のよりどころとしてよりも、聖なるものに基づく差異を確立し、距離をもって対すべきものの場所を指し示す根拠として理解されている。

こうした相違は「反近代」、すなわち近代的価値への抵抗のモメントが、二〇世紀を通り過ぎる間にこうむった、見えにくい、しかしたいへん大きな変容を反映している。新宗教において地域の小集団が発展しにくくなってきたことは、第二章で述べた。これは身近な生活感覚を分かち合う人々のヨコの連帯の感覚が弱まってきたことと関わりがある。暖かい共同性の中に住まおうとしても、身近な生活空間の中では容易に実現しそうではなくなってきた。砂漠の砂粒のような孤立感に脅かされるとき、メディアを媒介としたゆるやかな連帯意識はとりあえずの落ち着き場所と見える。しかし、それは安定した秩序や根の降ろしどころを示してくれるものではない。

自由競争が生活の隅々にまで浸透するとともに、画一的な平等主義の抑圧性が自覚されるようになり、相互扶助に根ざした共同性が現実性を失い、イメージすることも難しくなってきた。無理にそれを実現しようとすれば、内閉的な集団を構成することになってしまい、安定感を提供するように見えながら、実は抑圧性を強化するしかないように見える。

また、その方向をとるにせよとらないにせよ、ヨコの連帯よりも差異と階層性を強調する方向で、近代への抵抗を組織化する傾向が目立つようになってきた。秩序の元基をヨコの連帯よりも、聖なる中心と階層性の方に見出す考え方が力を得てきたのである。

新新宗教と人権をめぐる葛藤

この章では、エホバの証人を例として宗教集団の内閉化について述べ、幸福の科学を例として世俗主義的価値への批判について述べてきた。エホバの証人の場合は内閉化の側面で際だち、幸福の科学の場合は世俗主義批判で際だった例である。この二つの動きは別個のものであるが、近代的な価値が引き寄せた社会環境に向き合い、宗教的な生の形を対置しようとするという点では根底の動機を共有している。山岸会のように世俗主義には親和的だが、内閉的な性格が目立つもの、ワールドメイトのように内閉的な性格は目立たないが、宗教的階層秩序を志向するものがあるとともに、統一教会やオウム真理教など明らかに両方の要素をもっており、相互に支え合っているものもある。

両者ともに鮮明に打ち出される場合、教団のラディカルさが魅力になるとともに、一般社会との緊張関係は抜き差しならぬものになりかねない。一九九五年はそうした緊張が極点に達した時点と言えるだろう。以後、内閉的な性格を帯びる教団には厳しい時期となった。「カルト」批判の気運が高まり、勧誘され、脱退する市民の人権を尊ぶという立場が力を得た(10)。オウム事件をきっかけに結成された「日本脱カルト研究会」（JDCC）はそうした側面から「危険」な教団・集団のウォッチを続けている。私が参加した一九九九年の二月の「交流会」では、オウム真理教の他、統一教会、山岸会、法の華三法行、ライフスペース、エホバの証人、顕正会、自己啓発セミナーの一部が「カルト」として報告の対象となっている。これらの教団・集団の中には、その後、警察による取り締まりを受けたもの、裁判により人権侵害の罪が認められたものも含まれている。

新新宗教教団の中の有力なものの多くは、上記のリストには含まれていない。「カルト」と名指されているもの以外にも幸福の科学、ワールドメイトなど近代的戦後的な価値観への対抗の姿勢を強く打ち出している教団がある。新新宗教と人権の問題を考察するときは、このような教団の主張も考慮に入れておかなくてはならない。教団の内閉化という形をとらずに、社会制度の変革やその基盤となる思想・イデオロギーの是正という方向から近代的な価値の変容を促す宗教勢力も力を増している。一九九五年以後の新宗教の「反近代」的なモメントはそうした方向へと舵を取り直していると言えるだろう。

注

（1）庭野日敬『法華経の新しい解釈』（佼成出版社、一九六一年）。なお、立正佼成会についての学問的研究としてまとまったものに、森岡清美『新宗教運動の展開過程――教団ライフサイクル論の視点から』（創文社、一九八九年）がある。

（2）坂井信生『アーミシュ研究』（教文館、一九七七年）、ミルドレッド・ジョーダン『アーミッシュに生まれてよかった』（評論社、一九九二年）。一九七〇年代のアメリカ合衆国のアーミッシュ人口は、約六万人と報告されている。

（3）エホバの証人については、以下の文献を参考にしている。James Beckford, *The Trumpet of Prophecy*, Basil Blackwell, 1975, 生駒孝彰『アメリカ生れのキリスト教』（旺史社、一九八一年）、沼田健哉『現代日本の新宗教――情報化社会における神々の再生』（創元社、一九八八年）、鶴見俊輔『戦時期日本の精神史――1931-1945年』（岩波書店、一九八二年）。

（4）H・リチャード・ニーバー『アメリカ型キリスト教の社会的起源』（ヨルダン社、一九八四年、Helmut Richard Niebuhr, *The Social Sources of Denominationalism*, Henry Holt & Co., 1929)。

（5）エホバの証人のこのような側面については、次のルポが参考になる。大泉実成『説得――エホバの証人と輸血拒否事件』（講談社、一九八八年）、米本和広『カルトの子――心を盗まれた家族』（文芸春秋、二〇〇〇年）。

（6）大川隆法『アラーの大警告』（幸福の科学出版、一九九一年）、同『ダイナマイト思考』

（幸福の科学出版、一九九三年）。同時代のマスコミ批判の潮流としては、たとえば、西部邁『マスコミ亡国論――日本はなぜ〝卑しい国〟になったのか』（光文社、一九九〇年）参照。

（7）景山民夫・小川知子編『宗教の反撃――講談社フライデー事件と裁判のすべて』（幸福の科学出版、一九九三年）。なお、対立する側からのとらえ方を示すものとして、島田裕巳『神サマのつごう――終末のフィールドワーク』（法藏館、一九九二年）がある。

（8）大川隆法『ユートピア価値革命』（土屋書店、一九八九年）、同『フランクリー・スピーキング』（幸福の科学出版、一九九三年）、同『ユートピアの時代』（宗教法人幸福の科学事務総合本部、一九九三年）などによる。

（9）大本教のこの側面を的確にとらえた著作は、安丸良夫『出口なお』（朝日新聞社、一九七七年）である。

（10）こうした立場を代表する著作として、山口広・中村周而・平田広志・紀藤正樹『カルト宗教のトラブル対策――日本と欧米の実情と取り組み』（教育史料出版会、二〇〇〇年）がある。

終章　現代宗教と悪

［一］　オウム真理教と悪の実在の誇張・誇示

外部の悪にこだわる

オウム真理教事件は言論界に「悪」への関心をよびさましたかに見える。村上春樹はオウムの信徒や元信徒へのインタビューをまとめた『約束された場所で』[1]の巻末に河合隼雄との対談を二篇掲載しているが、その一つは「「悪」をかかえて生きる」と題されている。オウムの信徒たちは、善の使徒である自己が世界に満ちわたっている悪と戦い、最後の勝利を得て、地球を救うという夢想にとらわれた。この世の悪、自らがまきこまれざるをえない悪からまるっきり浄められ、究極の善へと高められたいと願ったのがオウム信徒であった。それは内なる悪に耐えて生きていく度量の小ささを示しており、現代人の弱さを典型的に示しているというのが、河合がオウム事件の教訓として説こうとすることの主な論旨である。河合はそこに現代の若者の自己が未成熟であることの現れを見ている。

村上 （前略）ほとんどの信者はこう言うんです、「我々はごきぶり一匹殺さないような生活をしているんです。それなのにどうして人間が殺せますか」って。

河合 チャップリンの『殺人狂時代』ですよ。あの人殺しばかりしているやつは、毛虫がいたらぱっと拾ってね、花のところに持っていってやります。虫ひとつ殺せないで、人ばかり殺しているんです。やっぱり人間というのはほんとにしょうもない生物やからね。だから自分の悪というものを自分の責任においてどんだけ生きているかという自覚が必要なんです。

（『約束された場所で』二四四ページ）

確かに麻原彰晃は、今のこの世が悪にまみれた救いがたい苦の世界であることを説くことが得意だった。そしてそのような苦の世界から身を解き放って、内面から自己を変革し、究極の善である解脱を目指すのだと主張した。

（尊師） 要するにね、今の価値観というのは、高学歴、それから一流企業、それからスタイルのいい女性と結婚して、美人と結婚して、で、アットホームで金を持って、財テクその他をやって、豊かになって死んでいくと。これが今の価値観だと思うんだよ。ところが、私が提唱する価値観というのは、そうじゃなくて、それは内側にあるんだと。内側にどういうものがあるかというと、(中略)すべてが苦しみであって、そうじゃないもう一つの道というのは、だれも壊すことができない絶対的な境地であって、本当の意味での自分自身を理解できるんだということだよね。

(『マハーヤーナ』三八、一九九一年一月)

苦の世界に対して、そこから撤退し、内面の充実を目指すのなら、暴力的な他者攻撃によって悪と対抗するには及ばないようにも見える。しかし、麻原は「今のこの時代は、完全に悪魔に支配されている」という。

(尊師) まず、悪魔の本性は物質である――それは正しい。なぜそう言えるのかというと、もともと悪魔というのは、この欲界を支配しているものであると。そして、この欲界の最も低次元のものは何かというと、物質である。(中略)よって、今この地上を汚染しているものは何かといったら、完璧なる物質主義である。だから、そこには精神性があろうとなかろうとも、例えば、物質的に豊かであれば、あるいは、金を持っていれば偉くなれる。まさに、悪魔の支配下に置かれている地球であると言えると思いますね。

(『マハーヤーナ』三二、一九九〇年七月)

この悪魔勢力と戦うことが世界最終戦争であるとされた。麻原は外部から攻撃してくる巨大な悪の像を描き出し、それと戦っていると信じることで安らかな自己意識を得ようとした。自らがもつ悪を外部に投影し、内に悪を抱え込むのを拒むことにより、他者との関わりの中で悪にまみれつつ生きる自己を相対化する眼差しを見失ったのであった。

つけ加えておくと、このように世界の悪を誇張と言ってよいほどに強調するのは、ひとりオウム真理教だけではない。本書でその輪郭を描きだそうとしてきた新新宗教、すなわち七〇年代以降に発展した新宗教の新しい諸集団の中に悪の実在を強調する教団がいくつも見られる(本書六二~六三、八七~八九、二八六ページ、参照)。それだけではなく、現代の大衆娯楽文化で大きな人気を博したものの中にも、現代社会が破滅の危機に瀕しており、そこに生きる人間が巨大な悪の力に押しつぶされそうになっているかのように描き出すものが少なからず見出される。たとえば、『風の谷のナウシカ』『新世紀エヴァンゲリオン』『もののけ姫』などはそのうちの目立ったもののうちに入るだろう。こうした物語の中では、環境問題や絶滅戦争の危機などが想定され、人類は自らの悪によって滅亡に向かいつつあるものとして描き出されている。

世俗的な善悪を超える

ところで、次節でも述べるように、伝統的な宗教の救済思想を見ると、悪の実在を誇張し、外部の悪と戦い、自らを善のエイジェントとする考え方は広く見られる。外部に悪を投影する表象や世界観が、そのまま直ちにオウム真理教のような安易で手前勝手な暴力を招き寄せるとは限らないのは言うまでもないことだろう。

オウム真理教が世俗的な倫理を軽々と跳び越え、あえて無差別殺人にまで至る数々の悪を犯したことをどう考えればよいのかについても多くの発言があった。オウム真理教はそれらの悪をタントリズムや密教の教説によって正当化した。殺人は無条件に否定されるべきものではなく、多くの人を救うためにやむをえざることであり、相手のためにも悪しきカルマからの解放がもたらされるのであれば、殺人も許されると説いたのである。そもそも宗教は世俗道徳を超える次元をもつ。事実、親鸞は悪人正機を説いたではないか。であるとすれば、あえて悪を犯す宗教者にいかなる基準から「否」を説くことができるのだろうか。仏教の伝統の中に確かにオウム真理教の行動や言説を正当化するような教えや考え方が含まれているのではないだろうか。仏教者はそれに対して、どのような宗教倫理を対置することができるのか。また、思想や倫理について語るものは、どのような基準や理念をもってこれに向き合っていけばよいのだろうか。文芸批評家の吉本隆明は芹沢俊介との対談(2)で次のように述べている。

……庶民の社会で流布されている善とか悪とかいう概念は、規模としては小さいものなんだ。悪人ならなおさら往生できるという、浄土における〈善悪〉の考え方というのは、庶民的な社会の〈善悪〉の考え方よりもはるかに大きい。だから救済されるというのが親鸞が到達した地平であるわけです。(中略)

浄土教の系譜でいえば、「往生要集」を書いた源信のもっている〈善悪〉観というのは、市民の社会における〈善悪〉の倫理と妥協しながら、そこでいいと思われる行いをやりながら、いそぎ念仏をとなえれば往生できるというものです。(中略)

ここでぼくがおもうには、現在オウム真理教の問題が出てきて以降、あらわしている〈善悪〉観とはなにかといったら、いちばんよくて、その源信のもっている〈善悪〉観のところにまで退化して、もっとひどいのは市民社会そのものに服従しちゃっているといいますか、追従しちゃってるわけです。(中略)……やっぱり首がつながらないとか信者が減っちゃうとか、現実世界いろいろなことがあるからちゃんと言えないということもあるんでしょうが、しかし、オウム真理教の〈悪〉の問題をどうかんがえるか、どう評価するかがポイントになるわけです。

しかし、ぼくが見ているかぎりでいえば、浄土真宗の学僧も、他の宗派の宗教家もだれひとりとして、この程度の悪ならば、じぶんらの教えは包括してちゃんと腹中に入れて、それよりももっと大きい〈善悪〉の規模の問題を、あるいは〈慈悲〉の問題を宗教家として打ちだすことができるということを言った宗教家はいないです。みんな市民社会の世論のいうとおりに言っているだけです。それは宗教の終りじゃないか、仏教の終りじゃないか、とぼくはかんがえます。

（『宗教の最終のすがた』一九〇～一九一ページ）

吉本はオウム真理教が悪を犯したことについて、克服の指針がはっきりと見えるとは考えていない。麻原は宗教が悪に荷担する場合があることを如実に示したが、こうして露わになった黒々とした「宗教の悪」に対して、現代世俗社会は有効な応答の声をもっていないというのである。吉本の立場からとらえると、オウム真理教における悪の誇示は、現代人の未熟さをあらわすというよりも、現代社会のアポリアの中で必然的に生じてきた「悪の回帰」とでもいうべきものということになる。同じようにオウム事件から「悪の問題」を見出しながら、明快な対処法を示そうとする河合とはやや異なる角度からのアプローチである。

河合と吉本の相違は、河合が悪を抱え込んで生きる成熟した自己の自律性に高い信頼を与えているのに対して、吉本は親鸞の悪人正機の考え方に高い意義を見出し、自律的自己といったものにさほどの信頼を寄せていない点にある。この相違は現代文化における悪と自己との関わりの理解についての両者のとらえ方の相違を示すものであろう。それはまた、現代社会における宗教の位置についての考え方の相違にも関わっていよう。

［二］　新霊性運動と悪の不在の誇張

新霊性運動の「宗教」批判と「近代」批判

オウム真理教は悪の実在を誇張する教えを説き、世界に向かって自ら人間の悪の実在を誇示して見せたのだが、一方、現代社会の精神運動には悪の不在を誇張するような強力な流れも存在する。それは第七章でやや詳しく紹介した「新霊性運動」「新霊性文化」の現象で、先進国の比較的高学歴の人々の間に広く見られる考え方の潮流である。欧米では

「ニューエイジ」、日本では「精神世界」とよばれることが多いこの潮流だが、地域的な違いはあるもののグローバルな規模で発展しているさまざまな精神運動の集合体で、宗教運動にも通じるような性格があると見てよい。

新霊性運動（文化）に親近感をもつ人々は、「宗教」はもはや過去のものとなったと考えている。かといって近代科学や近代合理主義に望みをかけるわけにもいかない。「宗教」が形式化してしまったり、集団利益と結びついてしまったが、そのもとには個々人が自由に体験したり、育てたりできる「霊性」があったはずだ。束縛依存させる「宗教」ではなく、自由な「霊性」により、個々人が自己変容を体験していくことが、現代文明の限界を超えていく鍵となるはずだ。すなわち、「宗教」でもなく「近代科学」でもない、「霊性」を尊ぶ第三の立場が今、台頭し、未来の人類文明を担おうとしている。現代は「意識の進化」とよべるような大きな人類史の転換点なのだと考える。では、この新霊性運動において、「悪」はどのようにとらえられているのだろうか。

近代科学は主観と客観を峻別し、知を環境から切り離し、世界や対象から部分を切り取り、そこにのみ関心を集中させる片寄った態度を育てた。分析的な知性によって自然や身体を支配しようとし、結果として得られる利益を基準として秩序（善）を増大させ、反秩序・非秩序（悪）を排除していこうとする。しかし、それは結局、自己を善悪のからまりあう両義的な現象界から切り離し、狭い水路に押し込めることによって萎縮させ、健康な生や世界との豊かな交流を阻害することになった。では、近代科学がうち破ろうとした伝統的な宗教の世界観が好ましいかと言えばそうとも言えない。宗教は個々人の外部に崇拝対象やドグマを置き、個々人がそれに従うことを要求する。拘束的な規範や集団行動を強い、自由な思考を抑圧する。善悪という点から言っても、自らを善の側に立つものと見なして外部に悪を投影し、その結果、外部の人や他集団との対立を招き寄せる。現代の新しい「霊性」を追求する人々は、こうした近代科学や過去の宗教が陥りがちであった、固定的な分割の態度を超えていこうとするところに人類文化の希望を見ようとする。

マクレーンによる悪の不在の誇張

一口に新霊性運動（文化）といっても、さまざまなヴァリエーションがあるのだが、ここでは「悪の不在の誇張」という特徴が鮮明に出ている例を示すことにしよう。[3] アメリカのニューエイジ運動を世に広く知らしめた女優のシャーリー・マクレーンの自伝的小説からの引用である。神の支配と悪の実在について執拗に主張するバッシー（**V**）とひたすら悪の不在を主張するチャネラー、ケビン・ライヤソン（**K**）の対話だが、言うまでもなくマクレーンはケビンの立場を支持している。[4]

(K)「悪なんてものは、私は存在しないと思っています」
「きっと、あなたが悪と呼んでいるものは、単に神を意識していない状態のことにすぎないと私は思いますよ。問題は霊的な知識を欠いていることであって、悪があるかないかではないと思います」

「悪は存在しません。そこがポイントですよ。この人生のすべては、明らかにされているか、または知らないままでいるかのどちらかなんです。これが、二つの極なのです。善悪ではないのです。そして、すべてがあなたに明らかになれば、たとえばイエスキリストとかお釈迦様のようにですが、もう何も苦しむことはないんです」
(V)「いや、違う」「我々はこの地上で苦しむために創られているんですよ。争いのない人生なんてあり得ない」
(K)「でも、争いのない人生をすぐにでも描いてみせてあげられますよ、すぐにね」

このような「悪の不在の誇張」の考え方は、この立場の「自己」への態度と密接に結びついている。単純化を恐れずに言えば、新霊性文化では自己がたいへん重視されている。「自己探求」、「自己変容」、「自己実現」といった言葉は、新霊性運動になじみ深いものである。伝統的な宗教が自己から遠い超越者に向き合うことを求め、近代科学が自己の外部にある世界を分析し、支配していくことを目指したのに対し、新霊性運動は自己が自ら体験し、それを通して自己がより高次のあり方へと成長していくことを追求する。その際、世界に満ちわたっている生命的な存在や、宇宙的なエネルギーなどと接触することが重要な契機となる。そのようにして、他者や自然との一体性を高め、地球の調和に寄与し、宇宙の発展進化に貢献していくことが期待される。自分の外にある「山」に登ってあくせく時を過ごすのをやめ、「ほんとうの自分」と向き合うこと、それが出発点である。

友人のデイビッドは冗談めかして、

「君が登っている最も険しい山は、君自身だよ」と言ったことがある。彼は日常の茶飯事についてはあまり語ることはなかったが、彼と一緒にいると、人生のほんの瞬間さえもが非常に大事だという感じにさせられた。たとえば、オレンジの皮をむいて、甘いジュースをあごのまわりにしたたらせながら食べる時、その一瞬をとても大切な一瞬と感じさせる何かの力があった。

「人生において偶然はない。もし人が心を開き、感情を素直に表わし、あまり心配しなかったら、他人に対して、とてもよい影響を与えることができるんだよ」と彼は言った。

彼がカリフォルニアに来た時、一緒にヨガのクラスに行き、その後海岸を散歩し、自然食品レストランでお昼を食べたことがあった。彼は私に繰り返し、「自分の山に登るのをやめて、自分の内部に旅をするように」と言うのだった。「君の探しているものは、すべて君自身の中にある」

（『アウト・オン・ア・リム』[5] 二三ページ）

「自己」の高い価値

このように新霊性運動では、自己の内部にこそもっとも重要なものが見出され、それを通してさらに外部の存在や世界と自己とが一致融合できるようになるという可能性が強調される。自己実現といっても、外部の存在と積極的に関わり、何事かを達成することに力点が置かれる場合もあるが、新霊性運動の自己実現は、内向的な解放体験に一義的な価値が置かれるそれ、つまり自己の内部に生じる成長・完成を目指すようなそれである。

私は心と体と魂が常にひとつになるように努め始めた。そしてすぐに、魂が健全であれば心と体も健全でいられるということに気がついた。また、自分が本来霊的な人間で、決して心と体だけの人間でないことにも気がついた。心も体も霊的な意識から流れ出ているということである。／ネガティブな態度、つまり恐れや心配は私の霊すなわち魂の状態があまりよくない時に生じる心の状態であった。何かにこだわりがあると、物事は流れなくなってしまう。遮断されてしまうのだ。／自分のことを嫌だと思って不機嫌になっていたことが昔はあった。ほとんどの否定的な感情は自分に対する信頼の不足や不信からきていた。（中略）しかし、自分の霊的な本質（「大いなる自己」を指す──島薗注）を信頼すればすべてがうまく流れてゆくと気づいた時、状況はまったく変わり始めた。

（『ダンシング・イン・ザ・ライト』一二四～一二五ページ）

ここでは自己変容の可能性への高い希望がある。その反面、厳しい悪の自覚や、悪との対決は問題にならない。心の内なる悪、すなわち不安や恐れは確かにあるかに見える。しかし、それは自己の内で克服の方途を見出せるはずのものである。内なる悪を認知しながらも、それを超えてある高次の良きもの、すなわち「大いなる自己」(Higher Self) や宇宙の良き力（気）などにこそ真正の実在性が帰せられる。その次元では悪は「ない」。また、善悪未分ないし絶対善の高い実在が「ある」。そうした高次の次元に意識をシフトさせていくことで、自己は高められ進化していくのであり、それこそが現代の人類の進化段階上の課題である。自己は善悪の対立に引き裂かれたり、超越領域から切り離されたりした小さな「我」なのではなく、それらを包み込み、全宇宙の実体とも合致しうるような何かなのである。悪の不在を誇張する新霊性運動の考え方の背後にはこのような「自己」観がある。

〔三〕「近代以後」「宗教以後」の時代における自己と悪

救済宗教による悪の実在の強調

新霊性運動は自らが人類史の二つの段階の「以後」に来たと自覚している。つまり、一方でキリスト教や仏教のような救済宗教の、他方で近代合理主義や近代科学の「以後」に登場し、それらにとってかわるべき文化だと自負している。この観念は「ポストモダン」という語とも関わりがあるが、「近代（近代科学）以後」というだけでなく、同時に「宗教（救済宗教）以後」としても「今」を位置づけようとする点に特徴がある。私はこうした新霊性運動の歴史意識に全面的に賛成しているわけではない。しかし、そこに見られるような「今」の位置づけは一定の妥当性をもっていると考える。そしてそのことが、「自己と悪」の関係に新たな色合いを与えるようになっているとも考える。そのように考えることによって、これまで述べてきた近年のある種の精神動向、すなわち「悪の実在の誇張」

や「悪の不在の誇張」という現象を説明してみたいのである。

マックス・ウェーバーがそうとらえていたように、救済宗教は人間が「救済」を必要とするような苦境を生きている存在と見る。死、病、痛み、罪、負い目、闘争などなど。人間が自己を強く意識せざるをえないこうした状況を、カール・ヤスパースは「限界状況」とよんだ。(6) この限界状況の中には「こうむる悪」「おかす悪」「余儀ない悪」などの悪が、大きな位置を占めている。悪故に自己は引き裂かれ、まったきものから切り離されている。こうした悪が重大な人間の事実であると考え、そこに注意を集中し、悪の不可避性を強調しながら、しかし、何らかの超越的な存在や作用によって、その克服、すなわち自己の十全なるものへの復帰がいわば「奇跡的に」可能になると説くのが救済宗教である。オウム真理教や他の新新宗教教団も実は、悪の実在を強調する、こうした伝統的な救済宗教の特徴をなにがしか引き継いでいるのである。ここでは、一二世紀末、後に教皇インノケンティウス三世となる、ロタリオ・デイ・セニによって記された『人間の悲惨な境遇について』(7) の一節を引こう。

人間は塵と泥と灰からできており、さらに悪いことには、最も不潔な精液から造られる。彼は肉欲と、激しい情欲と悪臭を放つ放蕩のなかで身籠もられ、一層悪いことには罪の汚れのなかで孕まれた。また、彼は苦労、恐怖、悲嘆に苛まれるために生まれ、さらに悲しいことに、死ぬために生まれたのである。彼は主なる神や隣人を怒らせ、自分自身をも傷つける悪いことを行なう。また、彼は名誉、人格や良心までをも曇らせる無益で邪悪な振る舞いをする。彼は果たすべき真剣で有益なものをも怠り、無益なことを行なう。彼はつねに燃え盛り消えることのない火の燃料となり、また、つねにむしばみ、食いつくす不死なる蛆虫の餌食となり、さらに、つねに悪臭を放ち、汚辱にまみれた恐ろしい腐敗の塊となろう。（一八ページ）

救済宗教は悪を根深いものと考え、除去不可能としながら、なおかつ超越領域において、その克服が可能であるとする。たとえば、死後の世界に永遠のいのちがあるとか、苦を繰り返す輪廻転生の末に究極の解脱があるなどという思想は、超越領域の代償を示しつつ、この世の今の生の悪を避けがたいものとして受け入れるように促すものと言えるだろう。根深い悪を受け入れるように促した上で、善を行うことが説かれる。善を行うことで、いつか向こう側の時やところで善なる結果が得られる。つまり正しい報いはある。このようにして救済宗教は、悪の根深さと応報論（善因善果、悪因悪果）を生きることのつじつまを合わせている。

そこでは人間が行う善悪は明確に定義できるとしているように見える。しかし、人間が行う善が限られたもので、善悪の実践が複雑なかげりやジレンマをもったものであることにも思考が及んでいることは少なくない。その上で、世界からやってくる悪は甘受しようとする。そこでは自律的自己が悪をコントロールすることへの断念があり、世界の悪を受け入れることを可能にする、超越領域への委ねがある。救済宗教は限界状況や悪に直面しつつ、超越領域に向き合うような欠陥ある何かとして自己を位置づける。そこに絶対的な参照軸との関係に置かれる自己の強力なアイデンティティが成立する。そこからまた、内なる悪を外部に投影して攻撃的に立ち向かうという危険も生じることとなる。

近代合理主義とその彼方

一方、近代合理主義を一つの世界観、人生観として見ると、そこには自律的自己への大きな信頼がある。とりわけ、知性の力で対象や環境を統御し、自らが個人として、また所属する集団（家族や国家）の一員としてより幸福になるとともに、より快適で「こうむる悪」の少ない世界を形成していくことへの希望がある。ここでは進歩が信じられている限りで、善悪の区別が救済宗教以上に明確で、結果として得られるよきものを素朴に信頼する傾向が強い。人間は自らの力でより悪の少ない状態へと前進していくという楽観的な考えである。自律的自己への信頼の下に、応報論的世界がストレートに信憑されるわけである。他方、他者の自律的自己をも承認するというところから、個人主義や寛容の原理や多元性尊重の姿勢が採用される。そこでは、各自の自己が相対化されるので、自律的自己が行う善悪がかげりやジレンマに満ちたものであることが自覚される機会が増大している。

しかし、その代償として、多くの人々が分けもつ多様な悪についての表象は限定されたものになる。結果として、世界の悪を受け入れることを可能にする思考空間が限られたものになってくる。知性によって克服できる悪に人々の関心が集まり、知性によって克服が困難な悪は「しかたがない」ものとして周辺に追いやられる傾向が強まる。また、知性によって克服できるかどうか判断が困難な問題については、知性による幸福が可能だという方向に思考がなびきがちである。近代は知の専門家を増大させたが、専門家はえてして自らの職能を過大評価するものだからである。こうして近代は知性を行使する自律的自己を信頼し、そのことによって悪を受け入れる思考装置を弱体化させていったと考えられる。

一九七〇年代以降、世界的な規模で近代的な世界観への失望が広まった。近代科学は悪の除去を広げて行くはずであったが、実際には環境問題を初めとする多くの新たな悪を作り出してもいたということが露わになってきた。近代の科学やその力を借りた産業が作り出した大都市は、科学の力で多くの便利なものを産み出したが、貧困や犯罪や薬物中毒や子供の心の荒廃をもたらす温床ともなった。「近代以後」の思想が求められるようになった背景には、このような近代への失望の経験が、全世界の多数の住民の心を見舞っているという事態がある。そして、そのことは近代合理主義が除去すると想定したり、周辺化したりしてきた悪が再び黒々とした姿を眼前に登場させるようになったということを意味してもいる。

日本における悪の実在の誇張

日本について言えば、一九八〇年代以降、経済成長故の楽観が広まり、日本文化の自己礼賛が高まる一方、人類文化のゆきづまりへの不安が強まり、終末予言・危機予言が好まれるような雰囲気も次第に醸成されていった。オウム真理教や悪の実在を強調する他の新新宗教（ポストモダン的な傾向を帯びた救済宗教運動）の発展は、このような「悪の回帰」という背景の下でよりよく理解できるものである。世界的にはファンダメンタリズムとよばれるような現象を含めた、救済宗教の復興現象が目立っている。日本の中には既成仏教宗派に代表される伝統的な救済宗教もあり、近代に発展した新宗教という救済宗教もあった。しかし、これらの救済宗教は長期にわたって近代文化の圧倒的な影響の下に置かれており、かつての救済宗教と比べ、避けがたい悪を受け止める容れ物としての力が弱まっていた。
オウム真理教やその他の新新宗教、また、『風の谷のナウシカ』『新世紀エヴァンゲリオン』などの大衆娯楽文化に見られる「悪の実在の誇張や誇示」は、このような日本のコスモロジー的状況への不満の現れであり、もっと大きな展望から言えば、近代以後（ポストモダン）の世界における悪の回帰の現れであると言えるだろう。昨今、宮沢賢治の物語が人気をよんでいるとすると、そこに表現されている悪の根深さの自覚が、その魅力の重要な源泉となっているのではなかろうか。賢治の物語で「よだか」と「ふくろう」は悪に苦しむ者の代表である。

あゝ、かぶとむしや、たくさんの羽虫が、毎晩僕に殺される。そしてそのたゞ一つの僕がこんどは鷹に殺される。それがこんなにつらいのだ。あゝ、つらい、つらい。僕はもう虫をたべないで飢えて死なう。いやその前にもう鷹が僕を殺すだらう。いや、その前に、僕は遠くの遠くの空の向ふに行ってしまはう。（「よだかの星」）

斯の如きの悪業、挙げて数ふるなし。悪業を以ての故に、更に又諸々の悪業を作る。継起して遂に竟ることなし。昼は即ち日光を懼れ、又人及諸の強鳥を恐る。心暫らくも安らかなることなし、一度梟身を尽して、又新に梟身を得。審に諸の苦患を被りて又尽くることなし。（「二十六夜」）

現代人の自己は、悪の克服を楽観的に信じることに甘んじえず、悪の不可避性を受け入れつつ、超越領域での悪の克服を展望するような文化装置に再びひかれるようになってきた。宮沢賢治の物語は法華経の伝統に由来する、仏教的厭世観と救いの光明への希望をないがしか現代に伝えることで、人々の支持を得ている。オウム真理教の場合はそのような展望を、超越領域での悪との短期決着の闘いというシナリオに転化し、さらに現実世界での悪の誇示へと頽落させていった例である。そこでは悪の実在を誇張しつつも、自律的な自己による環境の統御という近代的な夢想が肥大化し、超越領域と現実世界とを安易に接続させてしまう傾向も顕著に見られた。

悪の軽視の理由

では、新霊性運動に見られる「悪の不在の誇張」はどのように理解できるだろうか。新霊性運動では近代合理主義からの脱却という主題がさかんに主張される。そこでは近代合理主義の中の二元論的な側面、主体と客体、心とものを峻別する態度、霊性や感性を軽んじて知性のみが重んじられる傾向が批判される。また、結果の善へとまっしぐらに前進しようとする功利主義的な善悪二分観が批判される。他方、近代合理主義の中の自律的自己の尊重という特徴は維持され、むしろさらにこれまで以上に強調されることもある。

新霊性運動から見ると救済宗教は自己の無力を認めることによって、自己を超えた存在に自己を委ねる。そこから、自己放棄や依存や束縛ということが生じる。それに対して、新霊性運動はそのような自由の否定を含まないで、自己の多面性、重層性に気づきつつ、今の自己を超えていくことを目指す。その中には善なる自己から切り離されがちな内なる悪の統合ということも含まれる。悪を包み込み、抱え込んで高次の自己に融合すること、これが「自己変容」という語の意味の一つである。この自己変容において、悪は自律的自己によって克服、統合できるものであり、その実在性は低次のものにとどまるものなのである。

新霊性運動の「悪の不在の誇張」においては、悪がまったく無視されているわけではない。克服すべき何かがあるという意味では悪にこだわっているとさえ言えるかもしれない。しかし、その悪は自己の内なる分裂や錯誤に由来するものであって、自己の外部に確固たる実在性をもつものではないとされる。救済宗教では悪は世界に堅固な実在性をもっており、であるが故に自己が強く意識し、立ち向かうべき何ものかであった。これに対して、新霊性運動では悪を個々人の内なる分裂や低次の意識状態に帰する傾向が強い。心の内なる錯誤であり、自己変容によって比較的容易に克服可能なものであるが故に、世界に実在するものとは見なされない。ここでは自己が多層的、多面的なものとして拡充されて理解されており、悪はその拡充された自己の内に抱え込まれうるものとされる。自律的な自己は悪を吸収する能力をもつものと見なされている。

このように考えると、新霊性運動における悪の軽視は、自律的自己を拡充させる一方、自律的自己の自由な生という近代的な理念をあくまで維持し、近代合理主義による進歩という理念を超えた、新たな自由を表象しようとするところに生じたものといえるだろう。「悪の軽視」というと、リアリティから目をそらすイデオロギーという印象を与えかねない。事実、新霊性運動は先進国の一部の豊かな階層の人々の、私的な幸福の拡大や自由なライフスタイルの享受といったところに自らの正当性を見出す傾向がないとはいえない。第三世界や先進国大都市の貧困地域における共同悪の自覚とは隔たりが大きいように見える。

もっとも新霊性運動の中でも倫理的な省察が重んじられる場合には、自律的な自己が行おうとする善悪の複雑性・両義性や、世界の悪・こうむる悪の不可避性といった事柄にも注意がゆきとどいている。そのように自律的自己と悪との関係を見すえようとする考え方は、自律的な自己の一定の意義を承認する、洗練された救済宗教的な倫理思想ときわめて近いものになるだろう。新新宗教の成熟の方向は、そうした方向に見出されると思う。

ポストモダン的な宗教性と悪の回帰

知性を主要な構成要素とする近代的な自律的自己（自我、主体）を信頼する近代合理主義への失望の広まりは、克服しがたい悪の認知、すなわち「悪の回帰」をもたらす。この「悪の回帰」の状況の下で、悪の実在の誇張、誇示を特徴とするような宗教運動や大衆文化が目立つようになる。これは救済宗教の伝統を引き継ぎ、自律的自己の限界を認め、悪の認知を強調しつつ、超越領域での悪の克服の希望を復興しようとする潮流である。

他方、自律的自己の観念を拡充させつつ、その優位性をなお保持し、悪の克服を比較的楽観的に信じようとする潮流も存在する。「近代科学」とともに「宗教」をも超えて「霊性」の時代を引き寄せようとする新霊性運動がそれである。これらの運動は近代への失望の中で広がる、「悪の回帰」を受け止めようとする二つの潮流と見ることができる。ともに悪を容れる容れ物としての伝統的救済宗教が近代化を経て、十分に機能しえなくなった環境の下で、悪を受け止めるべき新たな装置を産み出そうと苦心している。

では、二つの方向はどこで分岐するのか。その分岐は自律的自己の可能性と限界をどのあたりに見定めるのかというところにあるらしい。最初に取り上げた「オウムの悪」への河合隼雄と吉本隆明の考えの相違も、この分岐と関連しているものであろう。

ポストモダンの新宗教という様相をもつ新新宗教が、オウム真理教が示したように軽はずみでかつきわめて重大な悪を露出させるとき、それを未成熟な宗教性をもった集団の仕業として批判し、自己の器を広げるよう個々人の成熟を促す企てはもちろん重要である。しかし、それとともに、ポストモダン的な様相を次第に深めていった七〇年代以降の日本社会で、なぜ悪がかくも無惨に持て余され、持て遊ばれるようになったのかという問いに、くり返し立ち帰る必要があるのだろう。その際、この本で行ってきたような、日本宗教史、とくに新宗教史を踏まえた宗教学的な現代文化論がどれほどの意義をもちうるものか、読者の判断を仰ぎたい。

注

（1）村上春樹『約束された場所で――underground 2』（文芸春秋、一九九八年）。次の書物も参考になる。河合隼雄『日本人の心のゆくえ』（岩波書店、一九九八年）。

（2）吉本隆明・芹沢俊介『宗教の最終のすがた――オウム事件の解決』（春秋社、一九九六年）。

（3）以下の叙述は、島薗進『精神世界のゆくえ――現代世界と新霊性運動』（東京堂出版、一九九六年）の第五章「ニューエイジャーの癒しと救い」と第一四章「救済とルサンチマンを超えて?」の叙述を踏まえている。この点にふれて、大貫隆は現代におけるグノーシス主義的な思考の活性化との関わりを問うている（大貫隆訳著『グノーシスの神話』岩波書店、一九九九年、講談社学術文庫、二〇一四年）。この世が悪に満たされていると説くグノーシス主義は、「自己＝神」と説く点で新霊性運動と類似しながら、悪の実在を誇張する点で対極的な位置にある。この大貫の指摘から私は多くの刺激を得た。この章とともに、大貫隆・島薗進・高橋義人・村上陽一郎編『グノーシス「異端」と近代』（岩波書店、二〇〇一年）所収のいくつかの拙稿は、グノーシス主義を鏡として現代宗教を考え直すという私なりの試みでもある。拙著『スピリチュアリティの興隆――新霊性文化とその周辺』（岩波書店、二〇〇七年）参照。

（4）シャーリー・マクレーン『ダンシング・イン・ザ・ライト』（地湧社、一九八七年）二八六〜二八八ページ、を再構成している。

（5）シャーリー・マクレーン『アウト・オン・ア・リム』（地湧社、一九八六年）。

（6）マックス・ウェーバー『宗教社会学』（『経済と社会』第六章）（創文社、一九七六年、Max Weber, *Wirtschaft und Gesellschaft*, 1 Aufl. 1921, 4 Aufl. 1956、より）、同〈大塚久雄訳編〉『宗教社会学論選』（みすず書房、一九七二年、*Gesammelte Aufsätze zur Religionssoziologie*, 1916-1920、より）、カール・ヤスパース『哲学Ⅱ　実存開明』（創文社、一九九三年、Karl Jaspers, *Philiosophie, Band II, Existenzerhellung*, 1932）、島薗進『現代救済宗教論』（青弓社、一九九二年）。

（7）ロタリオ・デイ・セニ『人間の悲惨な境遇について』（南雲堂フェニックス、一九九九年）。

あとがき

本書の前提には、宗教運動について調べ考察することが、現代人の自己反省に大いに役立つはずだという考えがある。しかし、このような考え方は容易に理解されないのではないかと懸念している。

オウム真理教事件以後、宗教運動＝「カルト」は平穏な市民生活を脅かす異常な集団群だという通念が広まっている。確かに組織利益を優先し、不正な行為を行う宗教集団が目立つ昨今であるから、このような見方が広がるのは無理もない。とすると、市民生活を脅かす利己的集団が人々を欺き、囲い込むためにでっちあげた「宗教的世界」なるものに、まじめに取り上げる価値などあるはずはないという見方も妥当と思われるかもしれない。これに対して、本書は宗教運動の信仰世界から、現代人の心の深層の欲求が読み取れるという立場をとる。宗教運動は「現代日本の精神状況の底流」をさまざまな形で表現していると見るのである。

一九七〇年代に大きな変化が起こって、宗教運動の中にこれまでと異なる新しい側面が増えてきたということは、早くから西山茂など何人かの論者が気づいていたことだった。

私自身もそのような観察に同意し、八〇年代の後半からそうした動向の探索の試みを始めた。一九九〇年前後には統一教会、幸福の科学、オウム真理教などがさかんにマスコミの話題になった時期があり、これら「新新宗教」の台頭の理由をどこに求めるかを問われる機会も増えた。そして一九九五年、世を震撼させた地下鉄サリン事件が起こると、オウム真理教という現象を宗教史・精神史の文脈の中で理解することは避けられない課題としてのしかかってきた。

こうした探索・探求を進めながら、宗教運動は時代の表層に浮かぶうたかたのような現象ではないという考えはますます強まっていった。オウム真理教が登場する背景には、宗教運動の大きな流れがある。同時代の他の宗教運動と対比しながらとらえることで、オウム真理教はよりよく理解できる。そして同時代の宗教運動を広く見渡すことによって、オウム真理教だけに焦点を置いて理解する以上に深く立体的に、同時代の人々の宗教意識の変動を、そして精神潮流の諸側面を理解できるようになるだろう。

本書はこのような時代の推移の中で形をなしてきた。宗教運動を通して現代の精神状況の底流を理解しようとする意図の下、一九九二年以降に私が公表してきたいくつかの論考が本書の基礎になっている。おおよそ半ばはオウム事件以前に書かれたものであり、残りは事件以後に書かれている。しかし、後者もオウム事件の背景を理解するという意図が大きいものであるから、これらのどの論考も八〇年代半ばから九〇年代前半の時期の宗教運動の実像に焦点が合わされている。扱われている参考資料は広い範囲の時代に及んでいるが、主要な資料はこの時期のものである。もっともオウム事件以後も、宗教運動の動向に大きな変化は見られないから、以上のことを踏まえた上で、本書を二〇〇一年の時点での宗教運動の現況の報告として読んでいただくこともできると思う。

本書をまとめるにあたって、以上の経緯を踏まえて枠組みの再構成を図った。一九七〇年代から二〇〇一年までの約三〇年間を視野に収めつつ、一九九〇年前後に焦点を置いて「現代の精神状況の底流」をとらえるという視角を設定した。そしてそこに、「ポストモダン」の時代相を照らし出すような考察枠組みを投げ込み、時代相を反映する宗教運動の諸側面が浮き彫りになることを目指すという方針である。本書はそのような視角と方針の下に新たに諸論考を編集し直し、すべての論考を書き改め、新たに多くを書き加えてまとめたものである。その意味で「オウム真理教の周辺」をウォッチしながら、「オウム真理教事件」に先立つ時期、とりわけ事件前夜の時期の日本の宗教運動を論じる試みといってよい。

本書で「ポストモダン」というとき、近代＝モダンの制度と価値が社会全体に浸透する一方、その浸透を促した理念の諸前提が相対化され、自覚的に近代＝モダンとは異質なものが追求される時代相という意味で用いている。「近代が終わった」というような考えを私が主張したいわけではなく、そのような意識が広まる状況での人々の（とくに「救い」を核とする宗教的なものに引き寄せられる人々の）思考のひだに肉薄しようという考えである。したがって本書の枠組みは、典型的に近代的な特徴をもった宗教集団や宗教運動群が停滞する状況の中で、それとは異なる特徴をもったり、異なるものを志向する宗教運動群が台頭する様を描き出すということになる。そのような新しい特徴や志向性を、集団の構成のあり方（第一章）、信仰世界の特徴（第二、三章）、ナショナリズムとの関わり（第四～六章）、宗教復興や反世俗主義の潮流との関わり（第七～九章）といった観点から理解しようとしている。

これらを貫く私の問題意識は、人間の限界や苦難を見つめながらその超克を希望しようとする救済宗教が、近代という時代を通過した段階でどのような方向に歩もうとするのかという、大げさにいうと文明史的な問いである。本書で主題的に論じられているわけではないが、これが本書を支えるもっとも大きな理論的枠組みとなっている。この問いは日本の近代宗教運動史についての私の二つの概観的著作、『現代救済宗教論』（青弓社、一九九二年）と『精神世界のゆくえ』（東京堂出版、一九九六年）を引き継ぐものである。これらの前著を参照していただければそれに越したことはないが、本書の素材に引き寄せたおおまかな展望は、悪と救済の観念の現代的・オウム以後的なあり方を問うた終章で試みられている。終章の内容が、第一部で描いた「新新宗教」の輪郭と照応していることを読みとっていただければ幸いである。

この時期の新しい宗教運動といっても、実にさまざまなものがあり、同じ運動でも時期によって変化しているから、その実態をつかむのは容易ではない。主要なものの輪郭だけでもつかみたいところだが、それさえままならないというのが本音である。フィールドワーク的な調査や訪問取材も含め、さまざまな方法でさまざまな種類の情報を寄せ集め、個別の運動の特徴を理解し、それらを総合してこの時代の宗教運動の全体像を描くことになる。したがって見落としや見損ないも多々あることだろう。考察枠組み個々の論点も重要なものの一部を取り上げ得たにすぎないと自覚している。「カルト」問題を正面から論ずるといった課題も本書では取り上げていない。読者諸賢には以上のような本書の意図・背景を汲み取っていただき、本書の提示した限られた諸論点の妥当性をご判断下さるようお願いしたい。

一九八〇年代半ば以降は宗教被害や宗教情報をめぐる訴訟が増え、新宗教集団について論じることはそれだけで神経質にならざるをえないこととなった。研究者にはできるだけ確かな情報と論点を提供することが求められているのだが、それがますますなしとげにくい状況にもなっている。だが、揺るぎない証拠を固めて論ずるということであれば、相当の研究時間と労力をかけるとともに、資料や資料解釈の妥当性が明らかになるだけの時の経過を待たなければならないことにもなる。近い過去の事柄であるからこそ、その時点で用いうる限りの資料を用い、可能な限りの適切な判断を行って、見通しをつける作業も求められている。

本書はそのような必要性を意識し、二一世紀の幕開けの時点で前世紀末、すなわち一九九〇年前後の時期の宗教運動史・精神史に見通しをつけようとするものである。今後、さらに調査や取材が進み、この時期の宗教運動や諸資料についての理解が深まることを願っている。

本書のもとになった論考の初出は以下のとおりである。

序章・第一部

「新新宗教の勃興」樺山紘一編『新・社会人の基礎知識』(新書館、二〇〇〇年)

『新新宗教と宗教ブーム』(岩波ブックレット、一九九二年)

「新宗教と輪廻転生」(大法輪閣編集部編『輪廻転生——生まれ変わりはあるか』大法輪閣、

一九九九年）
「「終末」と現代宗教」（『歴博』一〇〇号、二〇〇〇年）

第二部

「現代日本の反世俗主義とナショナリズム」（中野毅他編『宗教とナショナリズム』世界思想社、一九九七年）
「コスモメイトと幸福の科学」（『別冊宝島ＥＸ　神道を知る本』宝島社、一九九三年）
「日本人論と宗教」（『東京大学宗教学年報』一三号、一九九六年）

第三部・終章

『新新宗教と宗教ブーム』（岩波ブックレット、一九九二年）
「救済宗教と現代社会——世界の宗教復興運動の中の新新宗教」（『創文』三七三号、一九九六年）
"New New Relisions and This World : Religious Movements in Japan after the 1970s and their Beliefs about Salvation," *Social Compass* 42 (2), 1995
「宗教集団の内閉化と近代自由主義」（『宗教法』一四号、一九九五年）

「現代宗教と悪」(『聚珍版』一二号、一九九九年)

本書はおよそ一〇年にわたって積み重ねてきた仕事をまとめたものであり、その間にお世話になった方々は少なくない。宗教運動にとって激動であったこの時期は、宗教運動研究者にとっても難しい問題が多く、判断に迷う事柄が多い時期であった。

貴重な資料や情報を提供して下さった方々、調査の便宜を図って下さった方々、討議を通して問題の理解を助けて下さった方々、雑談の中で研究者としての身の処し方をともに考えて下さった方々、本づくりに上手につき合って下さった小林英太郎さん——皆さんにこの場を借りてあつくお礼を申し上げたい。

二〇〇一年七月一五日

島薗　進

文庫版あとがき

本書の初版は二〇〇一年九月二五日に刊行されている。一九九五年三月のオウム真理教の地下鉄サリン事件のほとぼりがまだ冷めやらぬ時期といってよいだろう。オウム真理教のようなテロリズムに至る危険な宗教集団に対する関心がなお強い時期だった。これは世界的な現象と照らし合わされ、「宗教と暴力」というテーマがアクチュアリティをもって受け止められていた。

本書刊行と相前後して二〇〇一年九月一一日にはアメリカでの同時多発テロが起こされ、ニューヨークの貿易センタービルに飛行機が突入し、ツインタワーが焼け崩れ落ちる事件があった。

崩れるといえば、ベルリンの壁が崩されたのは一九八九年の一一月で、いよいよ冷戦時代が終わり、世界的な平和が訪れると喜んだのは一瞬のことだった。一九九〇年八月にはフセイン大統領のもとのイラク軍がクウェートに侵攻し、湾岸戦争が始まる。世俗主義的な傾向がつよかったフセイン大統領だが、イスラームの礼拝を行う様子を世界に向けて放映し、この戦争を宗教間の対立として印象づけようとした。

一九九一年からはユーゴスラヴィア紛争が始まる。ユーゴスラヴィア社会主義共和国の解体とともに、正教会信徒が多いセルヴィア、カトリックが多いクロアチア、イスラーム教徒が多いボスニア等が戦い合い、分裂していくという事態が一〇年に及んで続く。東西イデオロギー対立の時代から、宗教と民族による対立の時代への転換を印象づけることとなった。

一九九三年には米国の政治学者、サミュエル・ハンティントンが「文明の衝突」を主題とする論文を発表し、大きな反響を呼び、数年を経て書物として刊行されるに至る。冷戦の時代から宗教を背景として文明の間の葛藤の時代に移行しつつあるという議論だが、そこでは宗教勢力同士が対立し、宗教が暴力に加担する事態が目立つように思われた。

一九七八年のイランのイスラーム革命に始まり、パレスチナのハマース、エジプトのムスリム同胞団、レバノンのヒズボラなどの勢力が注目され、やがてアルカイーダやタリバンやイスラーム国（ＩＳ）なども知られるようになる。ヨーロッパ諸国でも若いイスラーム教徒によるテロ事件が目立つようになった。八〇年代から九〇年代にかけては、他方、アメリカの原理主義的キリスト教徒やイスラエルの超正統派のユダヤ教徒による暴力的示威行為や、スリランカでの仏教徒とヒンドゥー教徒の対立も活発化するように見えた。

他方、「カルト」とよばれるような宗教集団の暴力事件も主として米国であいついで起こっていた。序章でも取り上げているように、一九七八年にジム・ジョーンズというカリスマ的指導者が導くピープルズ・テンプル（人民寺院）とよばれる集団の九〇〇人余りが、南米のガイアナの集団生活集落ジョーンズタウンで「集団自殺」する事件が起こった。一九九三年には米国テキサス州のウェイコで、デビッド・コレシュというリーダーが率いるブランチ・デビディアンという集団の八〇人余りが焼死する事件、九五年にはキリスト教原理主義の影響を受けた元陸軍兵士のティモシー・マクベイらがオクラホマシティ連邦地方庁舎を爆破し、一七〇人近くが死亡する事件も起こっていた。

こうした世界的な動向を踏まえ、米国では一九八七年から九五年にかけて、アメリカ宗教史研究者のマーティン・マーティらによる「ファンダメンタリズム・プロジェクト」とよばれる研究プロジェクトが立ち上がり、世界の諸宗教を対象に五巻に及ぶファンダメンタリズム研究シリーズが刊行された。また、米国の宗教学者、マーク・ユルゲンスマイヤーによる『グローバル時代の宗教とテロリズム』が刊行されたのは二〇〇〇年（邦訳、二〇〇三年）のことである。

こうした研究動向は、世俗主義的な近代に順応するのではなく、それに対してオルタナティブとして宗教的な生き方を対置して新たな社会体制を目指し、しばしば暴力的な傾向をも帯びて一般社会に対決的な姿勢をとる宗教の新たな傾向を捉えようとするものだった。

筆者もこのような世界的な研究動向に影響を受けつつ、日本の新宗教の一九七〇年代以降の動向を捉え直そうとした諸論考を収録したのが本書である。ただし、オウム真理教についての論考は本書には収録されていない。筆者のオウム論は『現代宗教の可能性――オウム真理教と暴力』（岩波書店、一九九七年）に集約されており、その内容は本書と補い合う関係にある。

初版の「あとがき」に記したように、「本書で「ポストモダン」というとき、近代＝モダンの制度と価値が社会全体に浸透する一方、その浸透を促した理念の諸前提が相対化され、自覚的に近代＝モダンとは異質なものが追求される時代相という意味で用いている」。「ポストモダン」という用語は、一九七〇年代に建築等の領域で使われるようになり、一九七九年にフランスの哲学者、ジャン＝フランソワ・リオタールの『ポストモダンの条件』（一九七九年、小林康夫訳、風の薔薇、一九八六年）によって広く用いられるようになったものだ。

リオタールの「ポストモダン」は、近代社会において伝統社会を引き継ぎつつ共有されてきた世界観の枠組みを「大きな物語」とよび、それが信憑性を失ってきた事態を指すものだった。しかし、その後、「近代が終わった」というニュアンスを含む「ポストモダン」という用語は不適切であるとし、近代が継続しつつ、その基本的な特性がより徹底していき、新たな時代相を帯びたとする捉える見方がより有力になっていった。アンソニー・ギデンズやウルリッヒ・ベックらはこの観点から、一九七〇年代以降に顕著になっていく新たな近代を「後期近代」とよぶ方針を取っている（ギデンズ、ベック、ラッシュ『再帰的近代化』而立書房、一九九七年、原著、一九九四年、など）。

『ポストモダンの新宗教』で「ポストモダン」というとき、こうした立場の違いのどちらかに立つということを意図してはいない。筆者としては、本書が『後期近代の新宗教』という題になったとしても違和感はない。いずれにしろ、西洋の啓蒙主義の時代に由来をもち、一九五〇年代、六〇年代にはある程度共有されていた、国民としての共同意識、文明の進歩の観念、環境支配力を増す科学技術への信頼感、自由・平等・博愛といった人類共通の理想があるという観念等が危うくなって、それとは異なる価値観を提起する宗教や思想が力を増してきた時代と捉えている。

それはまた、「政教分離」が強い規範であった時代、政治から宗教が後退していく時代から、宗教の政治関与が目立つようになり、それをどう制御するかが問い直される時代とも言えるだろう。アメリカの宗教右翼、イスラエルの宗教政党や政治的宗教勢力、インドやトルコのような「世俗主義」を掲げていた国々での宗教政党政権の成立などが思い起こされる。これは「ポスト世俗主義」とか「ポスト世俗化」の時代という特徴づけに関わっている。

では、日本におけるポスト世俗主義的な宗教の動向はどこに見られるだろうか。この問題意識は筆者ももっているが、本書は必ずしもその問題意識を前面に押し出してはいない。日本におけるポスト世俗主義的な宗教の動向を見るのであれば、一方で神社本庁、神道政治連盟、日本会議といった国家神道や神聖天皇崇敬に親和的な宗教勢力を、他方で公明党を通して政治動向に大きな影響をもつ創価学会や公共宗教的な関与を強めている伝統仏教や新宗教のなかの動きについて論じる必要がある。これらについて取り上げ、冷戦以後の時代における日本の宗教と政治について論じることは重要な課題であるが、本書はそれを試みているわけではない。

本書はあくまで新宗教運動のなかの新たな勢力の台頭に注目し、その特徴を捉えるために「ポストモダン」的、あるいは「後期近代」的な時代相との相関を見ようとしたものである。「新新宗教」、つまり第四期に発展が目立った新宗教に焦点をあて、それらの特徴から「現代日本の精神文化の底流」を垣間見ようとしたということである。

ここですぐにわいてくる疑問は、第四期というのは一九七〇年代に始まるとしていつ頃までの時期を指すのか、第四期から第五期への転換はすでに生じているのかどうか、といった問いである。すでに一九七〇年から五〇年を経たのだから、新たな時期区分の転換が考えられてもよいのではないだろうか。

この問いについては、筆者は答えをもっていない。新宗教研究に取り組んでいる研究者の間でも、この問いについて応答しようとする試みはあまりなされておらず、管見に入ってきていない。一つには目立った新しい動きがないということ、もう一つには新しい動きに対する研究例、報告例が乏しいということがある。そして、それは新宗教全体が勢力後退の時期に入っているのではないかという観測とも関わっている。

筆者は二〇二〇年一一月に『新宗教を問う』(ちくま新書)を刊行したが、この本は江戸時代から二〇一〇年代までを視野に入れて、新宗教の歴史を概観したものだ。そこでは新宗教全体の勢力後退という推測に妥当性があるとしつつ、「新宗教から(新しい)スピリチュアリティ」への転換という事態が見られると論じている。

「(新しい)スピリチュアリティ」というのは、宗教教団という形をとらずに、個々人それぞれが自らの経験や資質に即して、「自己を超えたもの」、「いのちの恵みの源泉」、「生きる意味を支える何か」といったものにふれ、自己変容や死生の拠り所、つまり死とともにあるいのちの拠り所としていこうとする動きを指している。世界的にも「宗教からスピリチュアリティ」への展開は見てとれる地域は多く、学術的な関心も高まっている(堀江宗正『ポップ・スピリチュアリティ』岩波書店、二〇一九年)。筆者は、『精神世界のゆくえ』

（東京堂出版、一九九六年、秋山書店、二〇〇七年）、『スピリチュアリティの興隆』（岩波書店、二〇〇七年）、『現代宗教とスピリチュアリティ』（弘文堂、二〇一二年）などでその動きを捉えようとしてきた。

これはまた、医療やケア、あるいは災害支援などの領域でのスピリチュアリティへの関心の高まりとも関わりがある。筆者はこの方面でも、『ともに悲嘆を生きる』（朝日新聞出版、二〇一九年）などの著書で探求を進めている。また、死生学という新たな学術領域もこれと重なり合っており、筆者なりに関心を強めてきた。これも世界的な動向と符節を合わせている（たとえば、鎌田東二編『講座スピリチュアル学　第1巻　スピリチュアルケア』ビイング・ネット・プレス、二〇一四年）。本書と合わせて、以上のような領域についても関心をもっていただければ幸いである。

本書の対象は主に一九八〇年代、九〇年代の宗教運動、宗教意識の動向である。筆者は、それが「現代日本の精神状況の底流」を反映していると見ている。この場合の「現代日本」は、二〇二〇年代にも妥当すると考えている。文庫版となった本書をそのような書物として読んでいただけるかどうか、この問いの答えはもちろん読者に委ねなくてはならない。

二〇二〇年一二月

島薗　進

島薗　進（しまぞの　すすむ）
1948年東京生まれ。東京大学大学院人文科学系研究科博士課程単位取得退学。現在、東京大学名誉教授、上智大学大学院実践宗教学研究科教授、同大学グリーフケア研究所所長。著書に『現代救済宗教論』（青弓社）、『現代宗教の可能性』『スピリチュアリティの興隆』『日本仏教の社会倫理』（以上、岩波書店）、『明治大帝の誕生』（春秋社）、『新宗教を問う』（筑摩書房）など多数。

ポストモダンの新宗教《しんしゅうきょう》
現代日本《げんだいにほん》の精神状況《せいしんじょうきょう》の底流《ていりゅう》

二〇二一年　五月一五日　初版第一刷発行

著　者　島薗　進
発行者　西村明高
発行所　株式会社法藏館
京都市下京区正面通烏丸東入
郵便番号　六〇〇-八一五三
電話　〇七五-三四三-〇〇三〇（編集）
〇七五-三四三-五六五六（営業）

装幀者　熊谷博人
印刷・製本　中村印刷株式会社

ISBN 978-4-8318-2621-3　C1114

法蔵館文庫既刊より

価格税別

さ-1-1
増補 いざなぎ流　祭文と儀礼　斎藤英喜著
高知県旧物部村に伝わる民間信仰・いざなぎ流。中尾計佐清太夫に密着し、十五年にわたるフィールドワークによってその祭文・神楽・儀礼を解明。

1500円

キ-1-1
老年の豊かさについて　キケロ著　八木誠一・八木綾子訳
老人にはすることがない、体力がない、楽しみがない、死が近い。キケロはこれらの悲観的通念を吹き飛ばす。人々に力を与え、二千年読み継がれてきた名著。

800円

た-1-1
仏性とは何か　高崎直道著
「一切衆生悉有仏性」。はたして、すべての人にほとけになれる本性が具わっているのか。日本仏教に根本的な影響を及ぼした仏性思想を明快に解き明かす。解説＝下田正弘
1200円

さ-2-1
アマテラスの変貌　中世神仏交渉史の視座　佐藤弘夫著
童子・男神・女神へと変貌するアマテラスを手掛かりに中世の民衆が直面していたイデオロギー的呪縛の構造を抉りだし、新たな宗教コスモロジー論の構築を促す。

1200円

て-1-1
正法眼蔵を読む　寺田透著
多数の道元論を世に問い、その思想の核心に迫った著者による「語る言葉（パロール）」と「書く言葉（エクリチュール）」の「講読体書き下ろし」の読解書。解説＝林　好雄
1800円

い-2-1
アニミズム時代　岩田慶治著
森羅万象のなかにカミを経験する。その経験の場とは。アニミズムそしてシンクロニシティ空間論によって自然との共生の方法を説く、岩田アニミズム論の名著。解説＝松本博之
1200円

か-1-1
信長が見た戦国京都　河内将芳著
城塞に囲まれた異貌の都
同時代史料から、「町」が社会集団として成熟していくさまや、戦国京都が辿った激動の軌跡を尋ね、都市民らの視線を通して信長と京都の関係を捉え直した斬新な戦国都市論！
900円

や-1-1
宗教とは何か　八木誠一著
現代思想から宗教へ
理性と言語による現実把握の限界をどう超えるか。ニーチェの生の哲学から実存主義、さらには京都学派の哲学までを総覧し、現代人のための宗教に至る道筋を鮮やかに指し示す。
1300円

つ-1-1・2
平安人物志　角田文衞著
上・下（全二冊）
考古学と文献史学を駆使した角田の博識と推理が冴え渡る、41篇の人物伝。緻密な分析で、平安朝を生きた人々の数奇な生涯を鮮やかに描き出した、歴史的名著。解説＝山田邦和
各1700円

か-2-1
インド人の論理学　桂紹隆著
問答法から帰納法へ
インド人の思考法は、観察から法則を導き出す帰納法的思考であった。事実に基づく論証法がインドでどのように展開したのか。その淵源を仏教の縁起の教えに見出した名著。
1300円

た-2-1
悟りと解脱　玉城康四郎著
宗教と科学の真理について
徹底した禅定実践と学問研鑽によって仏道を求め、かくして到達したブッダの解脱に基づき、一切の枠組みを超えた真理を究明する。稀有の求道者の最後の書。解説＝丘山　新
1000円

さ-3-1

ブッダとサンガ　三枝充悳著

〈初期仏教〉の原像

一人のブッダから多くの仏が生まれたのはなぜか。サンガはどのように成立したのか。仏教の根本問題を論旨明快な叙述で解きほぐす、恰好のインド仏教史入門。解説＝丸井　浩

1100円

し-1-1

ポストモダンの新宗教　島薗進著

現代日本の精神状況の底流

一九七〇年代以降に誕生・発展した「新新宗教」の特徴を読み解き、「新新宗教」を日本・世界の宗教状況とリンクさせることで、現代宗教論に一つの展望を与えた画期的試み。

1200円

や-2-1

〈方法〉としての思想史　安丸良夫著

安丸史学が対峙し、目指したものとは――。自身の研究や経験を回顧した論考・時評等を中心に収め、その思想的格闘の軌跡を示した歴史学徒必読の名著。解説＝谷川　穣

1300円